오늘 난,
커피를 마시러 간다

박민예

QR코드를 스캔하면
낭독본을 들을 수 있습니다

문화출판 더하다

Prologue.

영도의 이야기를 시작하기에 앞서.

부산에는 부산이면서 부산이 아닌 듯한 곳이 있다.
그곳은 섬이지만 섬이 아닌 듯하고,
삭막한 듯 보이지만 그 어느 곳보다 이야기가 많은 곳.
그곳 영도.

    부산에서는 아무도 영도 사람들을 '섬 사람'이라고 부르지 않는다. 영도 사람들도 스스로 '섬' 사람이라 말하지 않는다. 그만큼 뭍과 섬 사이에는 거리가 없다.

    그러나 영도 사람들에게는 영도 사람만이 가지는 섬에 대한 애틋함이 있다. 어딘지 모르게 고향을 그리워하는 피난민의 향취가 물씬 풍기는, '육지의 부산 사람'과는 결이 다른 그런 '섬 사람으로서의 영도 사람'이 가지는 마음들.

오랫동안 영도를 지키며 이룬 삶의 흔적과 그 삶으로부터 뻗어져 나온 열정이 녹아든 유산들 위로, 섬을 떠난 이들의 빈자리를 걱정하는 마음과 영도의 매력에 취해 새로운 삶을 시작하려는 이방인들의 꿈과 이야기가 쌓여 지금의 영도는 새롭게 태어나려 한다.

2024년 영도문화도시 시민동아리 지원 사업을 통해 나는 처음으로 영도의 구석구석을 다녀보았다. 각자의 색을 지닌 공간들을 방문하고, 그 속에서 다양한 사람들을 만나 대화를 나누면서 조금씩 내 안에 나만의 영도를 쌓아갔다.

이 활동들은 나를 잠시 여행객으로, 탐험가로, 기자로 만들었다. 또한 나의 흥미를 유발하기도 하고, 모험심을 불태우게도 했으며, 호기심을 자극하기도 했다. 그리고 영도를 참으로 이상하고 재미있는 공간으로 각인시켜 주었을 뿐만 아니라 행복한 경험이란 산을 쌓을 수 있게 해주었다.

부산의 이방인이자 영도의 이웃 주민인 나에게 쌓여있는 내가 느낀 영도의 이야기를 이제 글로 내려놓을까 한다.

25.05.07. 박민예

목 차

프롤로그 … 002

첫 번째 이야기

  이방인이 되기 전의 나 … 008

  이방인이 되어버린 나 … 014

  14년 전의 기억 … 018

두 번째 이야기

  크리스마스트리 같은 … 024

  여름의 설렘 … 028

  바다 위의 놀이터 … 034

세 번째 이야기

  첫 번째 탐방, 깡깡이예술마을 1 … 044

두 번째 탐방, 깡깡이예술마을 2	…	060
세 번째 탐방, 글로벌 영도커피페스티벌	…	084
다섯 번째 탐방, 동삼혁신지구	…	092

네 번째 이야기

여섯 번째 탐방, 태종대	…	118
일곱 번째 탐방, 청학동 산복도로	…	132
여덟 번째 탐방, 중리해변	…	154
아홉 번째 탐방, 흰여울문화마을	…	178

다섯 번째 이야기

네 번째 탐방, 봉래동 물양장 거리	…	200

에필로그 … 233

이방인의 눈으로 본 부산은 모든 공간과 시간이 빈틈없이 꽉 들어차 있는 아침의 만원 버스 같은 곳이었다. 산꼭대기까지 들어차 있는 알록달록한 건물들은 내가 어릴 때, 스케치북에 항상 그리던 초록의 산과는 전혀 다른 모습을 그려내었다.

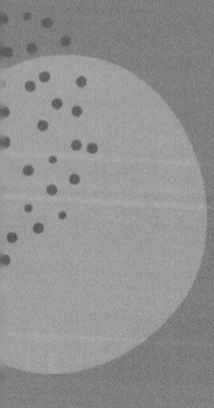

첫 번째 이야기

이방인이 되기 전의 나

나의 시부모님은 광복과 한국전쟁을 겪으며 부모를 따라 부산으로 이주한 피란민 2세대이다. 신랑은 부산에서 나고 자라 가정까지 꾸린 부산 토박이이다. 그리고 나는 2009년, 결혼으로 창원에서 부산으로 거주지를 옮긴 부산의 이방인 이다.

…

창원댁인 내가 잠시 추억에 잠겨 살았던 곳의 이야기를 하자면, 7살 때쯤의 창원은 어디든 넓은 들판이 있었고, 그 들판 어딘가쯤에 논과 밭이 있었다. 그리고 계절이 변하면 벼를 키우던 논에 물을 가두어 연꽃을 길렀다. 논밭의 끝에 마을들이 자리 잡고 있었던 어디에서나 볼 수 있는 평범한 농촌 마을. 다만 다른 것이 하나 있다면 마을 입구 쪽에 들어서면 왕복 8차선의 넓은 도로와 8차선의 건너편엔 거대한 공장단지가 너른 도로를 따라 쭉 이어져 있었다는 것이다. 다시 말해 8차선의 도로 하나를 두고 공업과 농업이 공존하는 곳이었다.

내가 살던 마을도 슬레이트 지붕을 한 집들 주변으로 논밭이 있었던 곳인데, 사화 2부락이라 불렸다. 2부락을 중심으로 왼쪽으로는 1부락, 오른쪽으로는 3부락이 있었으며, 각 부락에는 작은 슈퍼 하나가 마을의 백화점이 되어 그곳의 모든 소비를 담당하는 그런 작은 시골이었다. 그런 동네가 초등학교 3학년이 될 무렵에 빨간 페인트로 쓰인 철거라는 단어가 마을 곳곳에 적히기 시작했다. 이윽고 커다란 중장비들이 마을을 무너뜨렸다. 무너뜨린 건 집뿐만이 아니었다. 논과 밭을 뒤엎고, 내가 다니던 학교마저 무너트려 버렸다. 그래서 우리 집은 이사를 갈 수밖에 없었고, 나는 이사와 동시에 자연스레 전학을 가게 되었다.

어린 나의 세상이 순식간에 바뀌었다. 갑작스러운 마을의 붕괴와 환경의 변화. 그리고 어떠한 설명도 없던 어른들의 불친절은 이제 겨우 자아가 자리 잡고 있던 나에게 엄청난 충격으로 다가왔다. 나는 스스로를 지키고 적응하기 위해 새로운 환경에서 잔뜩 웅크린 채 한참을 괴로워하며 홀로 시간을 보내었다. 그 변화가 급작스럽게 온 것처럼 그 시간 속에서 나 역시도 나라는 존재 안에 무언가가 변하는 것이 느껴졌다. 아마도 이 시간이 내 사춘기의 시작이 아니었을까?

...

"이 동네는 똑같은 모양의 집만 있어!"

새로 이사한 곳은 네모반듯하게 나뉜 구역에 같은 모양을 한 2층 적벽돌 집들이 바둑판에 놓인 바둑알처럼 가지런히 세워져 있는 곳이었다. 깨끗하고 안전해 보이는 거리와 몇 블록마다 놀이터와 공원이 있는, 집도 도로도 심지어 가로수까지 마을의 모든 것들이 '새것'이었다. 이웃도 새로웠다. 그래도 모든 사람이 새로운 것은 아니었다. 슈퍼나 놀이터, 혹은 공원에서 예전 마을의 반가운 얼굴들을 종종 만날 수 있었다. 그들도 '철거'라는 무서운 빨간색 글씨들을 피해 이곳으로 이사를 온 것이었겠지.

해가 지나 초등학교 고학년이 되자, 이전에 살던 곳이 '팔용산업단지'라는 이름으로 바뀌었다는 것을 사회 과목 수업 중에 알게 되었다. '도시의 발달'에 관한 수업이었을 텐데, 내가 살던 동네가 재개발이라는 이름으로 마을이 집단 이주한 도시개발의 한 예시로 일컬어졌다. 그제야 논밭과 마을이 있던 자리에 큰 공장 건물들이 들어서며 거대한 산업단지로 바뀌었음을 알았다. 그렇게 주변 어른들조차 말해주지 않았던 내가 겪은 그 갑작스러운 변화에 대해 우연찮은 기회에 학교 수업을 통해 그제야 겨우 설명을 들을 수 있었다. 즉, 우리 가족의 이사는 도시정비 계획에 의해 마을 전체가 강제로 집단 이주한 결과인 것이다. 그래서 이사 간 동네에서도 이전 마을 사람들을 자주 볼 수 있었던 것이었다.

창원은 눈부시도록 빠르게 변화했다. 시원하게 뚫린 8차선 도로 양옆으로 높은 고층 건물과 상가들로 이뤄진 마을이 쉴 새 없이 들어섰다. 텅 빈 곳들이 속속 채워지면서 도시 전체는 점점 거대해지며, 복잡해졌다. 그리고 그 속에 사람들이 가득 차기 시작했다. 나는 그렇게 커가는 창원이 굉장히 큰 도시라고 생각하며 자랐다.

내가 부산으로 시집을 가기 전까지는….

이방인이 되어버린 나

2009년도 시집을 온 부산.

이방인의 눈으로 본 부산은 모든 공간과 시간이 빈틈없이 꽉 들어차 있는 아침의 만원 버스 같은 곳이었다. 산꼭대기까지 들어차 있는 알록달록한 건물들은 내가 어릴 때, 스케치북에 항상 그리던 초록의 산과는 전혀 다른 모습을 그려내었다. 다른 것은 산분만이 아니다. 바다와 강을 연결하는 다리들, 다른 세계로 통할 것만 같은 수많은 터널, 언제까지고 끝나지 않을 것 같은 지하철 공사 구간들, 어디로 닿아있는지 쉽게 파악되지 않는 미로 같은 고가도로와 그 위에서 서로 엉켜 달리는 열기 가득한 자동차들까지.

반듯하게 같은 모양으로 도로를 자르고, 모듈화된 건물들이 찍어내듯 세워져 있던 창원에서 자란 나에게, 부산은 너무나도 자유스럽게 그려진 스케치였고, 또 할 말이 많은 수다쟁이가 주제 없이 떠드는 이야기였다. 그런 부산의 모습은 나에게 낯설고, 이상하고, 숨 쉴 수 없이 답답함을 주는 동시에 한편으로는 자유로운 삶의 시작을 그리게 하였다.

대혼란의 도시.

그러나 자유로움이 가득한 부산에서

나는 새로운 삶을 시작하였고,

2010년 난 엄마가 되었다.

14년 전의 기억

내가 새 삶을 시작할 때의 동구의 초량은 지금^{2024년}과는 많이 다른 모습이었다. 지금이야 아파트 단지들이 들어서고, 도심재생사업으로 인해 생활하기가 무척 편해졌지만, 십여 년 전의 초량은 역사의 흔적을 가득 담고 있는 곳일지언정 아이를 낳고 기르기에는 기본 인프라가 부족한 곳이었다. 구도심의 대표적인 곳답게 안전한 보행을 위한 인도가 없었고, 아이들이 뛰어놀 수 있는 놀이터와 공원은 전무했으며, 잠시 한숨을 돌리고 앉아 있을 커피숍 하나 제대로 없는 동네였다.

조금은 슬픈 이야기지만 아니다, 지금 생각해 보면 많이 슬픈 이야기다. 첫째 아이를 낳고 꽤 큰 금액을 들여 산 유모차를 단 한 번도 초량에서 끌고 다닌 적이 없었다. 그래서 나는 아이와 안전하고 여유로운 산책을 하기 위해 항상 다른 지역으로 이동해야만 했다. 수영강변과 광안리 해변, 송도해안로, 영도의 해양박물관 일대 등 부족한 주변 인프라를 극복하고 아이와 안전한 시간을 보내기 위해, 그리고 이곳의 이방인인 내가 이 혼재와 결핍의 환경에 적응하기 위해, 여러 곳을 아이와 함께 찾아다녔다.

그러다 그곳들에서 난 공간들이 가진 공통점이자 부산이

가진 양면성의 매력을 알게 되었는데, 항상 '빈틈이 없다. 그래서 답답하다'라고 생각한 부산은 '어쩌면 이것 때문에 오히려 사람들이 그렇게 빈틈없이 공간을 사용할 수 있었구나'라고 깨닫게 만든 그것, 바로 바다였다.

부산이란 도시는 도시의 중심에 있으면 하늘에 닿을 듯 빈틈없이 채워진 인간이 만든 삶의 구조물들로 인해 그 안에서는 여유를 찾아볼 수 없지만, 그 숨 막히는 구조물들의 숲을 지나 올라가다 보면, 어느새 막힘없이 열려 있는 부산의 바다가 숨통을 트여준다.

이방인의 마음을 지닌 내가 부산 사람으로서 이곳에 정을 쌓을 수 있게 된 것은 어쩌면 어느 곳에서나 볼 수 있는 넓은 바다가 있기 때문이 아니었을까 하는 생각이 든다.

내가 어릴 적 아무것도 없는 산과 들, 논과 밭에서 놀던 그때 장난감 하나 없어도 계절의 춥고 더움 같은 것은 잊어버리고 그저 자유롭게 놀며 즐거워했던 기억만 남아 있는 것처럼 말이다.

두 번째 이야기

크리스마스트리 같은

부산으로 삶의 터전을 옮기기 전에 내 기억 속의 영도는 '커다란 크리스마스트리'로 남았던 곳이다. 연애의 시작과 종결 그리고 또 다른 시작을 알리는 프러포즈의 장소가 된 영도는 나에게 달콤하고 알싸하며 몽글몽글한 핑크빛 기억이 가득한 곳이다.

...

20살. 성인이 되고 처음 맞이한, 그 기념비적인 크리스마스에도 솔로였던 나는, 함께 동병상련을 느끼던 대학 동기들과 황령산 봉수대로 부산의 야경을 구경하기 위해 올랐었다. 지금 생각하면 커플 이벤트 기간이었던 그때, 외로운 솔로들이 커플들의 성지인 그곳에 간다는 것 자체가 지금에야 용감한 행위였다는 걸 알지만, 모쏠이었던 그때의 우리는 전혀 알 턱이 없었다.

차가운 바람이 황령산 꼭대기로 향할수록 칼처럼 거세게 불었다. 롱패딩 점퍼에 달린 모자를 쓰고서도 귀가 아려왔다. 기어코 도착한 봉수대. 발아래로 펼쳐진 풍경을 보자 그만 넋을 잃고 말았다. 내가 지금껏 단 한 번도 본 적 없는 풍경이었다. 사실 부산을 방문한 것도 이날이 거의 처음이었다.

어린 시절 외할머니의 시골집에서 보던 까맣고 소름 끼치게 무서웠던, 수많은 별이 이내 쏟아질 것 같은 그 하늘의 경이로움과는 또 다른 풍경이었다. 20살, 그날은 내 발아래로 까만 바다가 펼쳐져 있었고, 그 위로 수많은 별들이 떨어져 일렁이는 파도에 흐드러진 것처럼 보였다. 어린 날의 그 별밤은 무섭게 다가왔지만, 이 빛의 밤은 살에는 추위를 잊어버리게 할 정도로 날 황홀하게 만들었다.

정신없이 부산의 밤을 눈과 폰에 담고 있을 때 봉수대의 동쪽에 빛의 탑이 눈에 들어왔다. 그 형상과 내뿜는 빛은 꼭 하늘에서 내린 대형 크리스마스트리 같았다. 뒤에 있던 남자 동기 중 하나가 그것을 발견하고 어린아이처럼 방방 뛰며 감탄사를 연발하는 내 모습을 보며, 저곳은 영도이고 부산에서 가장 큰 섬 중 하나라는 대문자 T 같은 설명을 덧붙이며 나에게 다가왔다. 설레고 몽글했던 마음을 날려버리는 그 말에 급히 추위가 몰려왔었지만, 바로 뒤이어 전해 온 말은 다시 나를 저 수많은 빛의 바다로 던져버렸다.

"거기 보이는 크리스마스트리. 내년에도 같이 보자."

반려자, 김태훈씨

여름의 설렘

예쁜 걸 좋아한다. 이유는 모른다. 여자라서 그런 것인지, 그냥 개인적 취향인지 모르겠다. 어쩌면 자격지심에서 스스로 부족한 부분을 취향으로 메우고자 하는 방어기제 같은 것일 수도 있다. 이유가 뭐든 나는 예쁜 걸 좋아한다. 그러나 '좋아한다'고 하여 그것을 소유한다거나 가꾸고 만들어간다거나 또는 조사하고 알아 가는데 나의 에너지를 쏟는 것은 불호이다. 예쁘기에 시선이 가고, 시선이 가기에 마음이 머무르는, 딱 거기까지의 좋아함이다.

...

"선배는 어떤 꽃을 좋아하세요?"

수년 전, 꽃 가게 앞에 진열되어 있는 꽃들을 감탄하며 바라보고 있을 때, 후배 중 하나가 이렇게 물어본 적이 있었다.

"글쎄, 그냥 지금 내 눈에 예뻐 보이는 꽃?"

아마도 꽃의 이름을 잘 모르기에 이렇게 대답했을 수도 있겠으나 예쁨이라는 것은 언제나 그때의 감정에 따라 달라지는 것이기에 특정한 것에 나의 마음을 고정하고 싶지 않다는 마음을 대답에 담았던 것일 수도 있다.

이후 한참 시간이 흘러 부산에 터전을 잡고 세 번째 여름을 맞이한 해는 배 속에서 둘째가 이제 세상으로 나올 마지막 준비를 하고 있었다. 나는 날마다 급격히 불어나는 체중을 조절하기 위해 신랑과 매일 산책을 해야만 했다. 그러던 어느 날, '항상 하던 동네 산책이 아니라 차를 타고 드라이브라도 가자'라는 신랑의 말에 간만에 한껏 꾸미고 외출에 설렘과 기대를 품은 날이었다. 차를 타고 20분, 신랑은 옥상에서도 보이는 그리 멀지 않은 영도의 태종대로 향했다. 목적지로 향하는 차 안에서 나는 실망과 서운함으로 인해 신랑을 쳐다보지도 않았다. 그렇게 신랑이 미워 보였던 적이 없었던 것 같다. 부산 외곽의 유명한 커피숍이나 분위기 좋은 장소를 기대했던 것과는 전혀 다른, 집 근처로 드라이브 간다는 게 임산부의 호르몬 영향에서인지 마음에 차지 않았던 것이다.

 그렇게 서운한 마음을 가득 담아 도착한 곳은 태종대 태종사였다.

…

"세상에…, 꽃이 덩어리야."

"여름인데 이런 꽃이 펴? 꽃은 봄에 피는 거 아니야?"

"아! 동백은 겨울에도 피는구나!"

"세상에 너무 예쁘다. 이게 무슨 꽃인 거야?"

신랑이 데리고 온 태종사는 축제가 한창이었다. 붉고 푸른 꽃들. 마치 몽글몽글한 색구름이 땅 위에 가득 내려앉은 것 같은 이 아름다운 여름 꽃무리를 '수국'이라 하였다. 처음 들어본 이름과 처음 본 형태의 이 꽃은 내 시선을 순식간에 앗아갔다. 이렇게 한번에 마음을 사로잡혀버린 것이 처음이었다. 물론 감정이 요동치는 임신 막달의 호르몬 영향이 있었을 수도 있고, 또 내 뱃속에 자리 잡고 있는 둘째의 선호일 수도 있을 테지만.

수국의 길을 걸어 쭉 들어가니 공간을 울리는 풍경소리가 들려왔다. 그 풍경소리를 타고 사찰 특유의 맑은 향내가 천천히 다가옴을 느꼈다. 이상했다. 수국의 무리 속에 있는데, 바람결에 은은히 실려 오는 향내를 알아차린 것에 어딘가 이질적인 느낌이 들었다. 나는 수국 무리에 한발 다가가서 꽃 덩어리에 코를 묻고 크게 숨을 들이켰다.

"없어. 향이! 어머! 세상에 꽃의 향이 없어."

그랬다. 이 화려하고 아름다운 여름 꽃에 향이 없었다. 오히려 멀리서 들려오는 풍경소리에 실려 온 부처님을 공양하는 향내가 수국의 꽃내음인 듯한 착각이 들었다.

40여 년 동안 정성 들여 수국을 심고 가꾸신 큰스님의 행동이 참배객뿐만 아니라 일반인에게도 극락정토를 엿볼 수 있는 기회를 주신 것이 아닐까 하는 생각을 하며, 나 역시 극락정토의 일부를 훔쳐보면서 향기 없는 여름 꽃 수국을 내 마음의 첫 번째 꽃으로 간직했다.

"어떤 꽃을 좋아하세요?"

"저는 여름의 향내 나는 수국을 좋아해요."

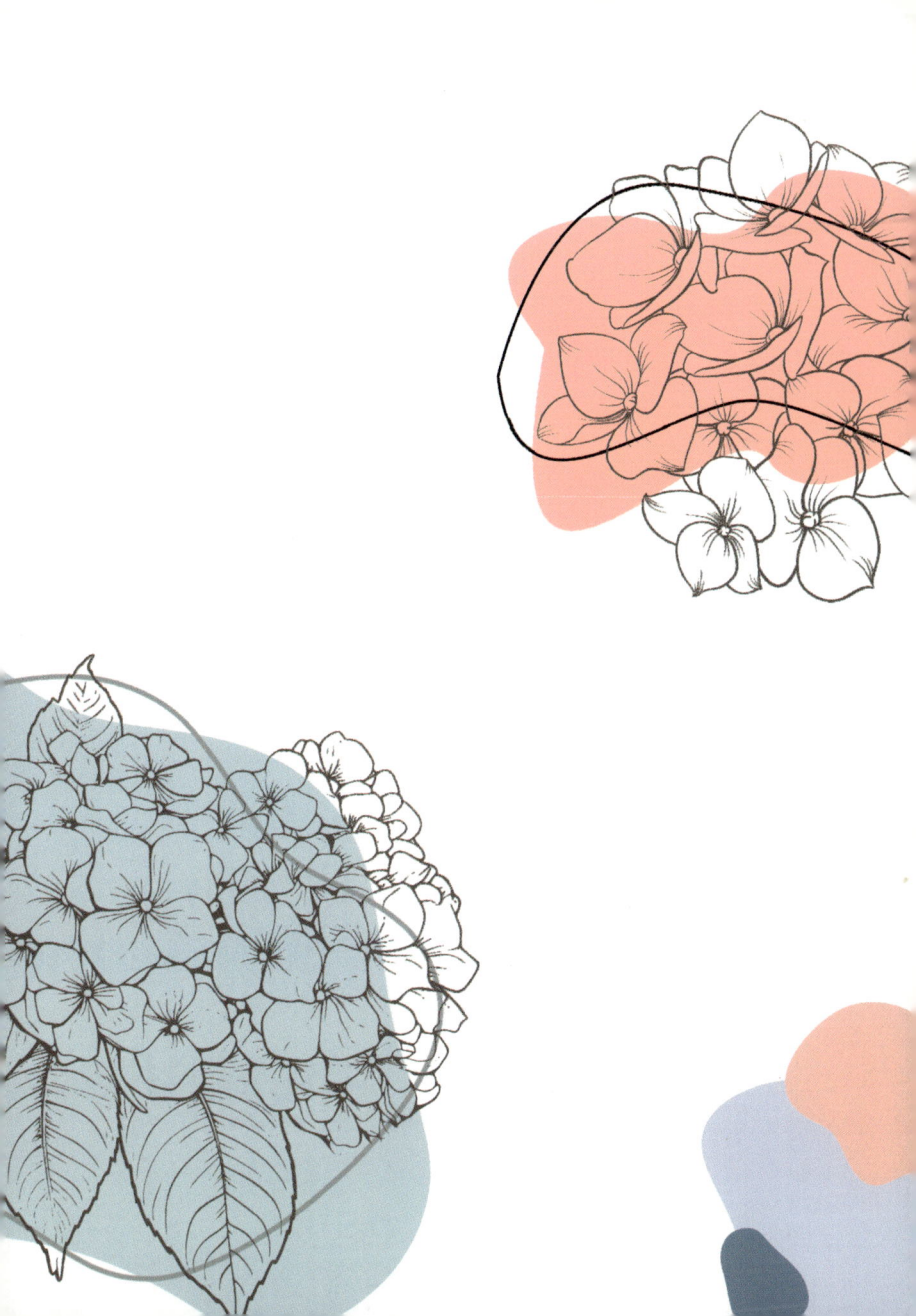

바다 위의 놀이터

'까하하하'

'엄마 비눗방울. 자동차 타요. 뽀로로.'

2012년 8월의 그날은 영도에 새롭게 문을 연 박물관을 가기 위해 남편과 아이와 함께 동삼동으로 향한 날이었다. 해안도로를 따라 섬 깊숙이 쭉 들어가 보니 저 멀리서부터 배 하나가 바다 위에 떠 있는 듯한 모습을 한 구조물이 보였다. 평일의 이른 오후였지만 어찌 된 것인지 그 구조물에 다가갈수록 도로에 차량이 많아졌다. 그래도 오랜만에 가족 모두가 산책 겸 드라이브를 나왔던 터라 막히는 도로 사정은 그리 불편하지 않은 그런 날이었다.

하지만 카시트에 묶이듯 앉아 있던 18개월짜리 아이는 어른들이 느끼는 감정과 사뭇 다른 감정을 느끼는 듯 창문 밖으로 보이는 많은 자동차와 배 모양의 건물을 보며, 탈출의 의지를 불태우는 것처럼 보였다. 다행히도 우리는 아이가 카시트의 벨트를 뜯어버리기 전에 목적지였던 영도의 '국립해양박물관'에 도착할 수 있었다. 7월에 개관한 이곳을 한 달이 지난 후에야 겨우 방문했다.

가까이에서 본 국립해양박물관은 지금껏 내가 만나왔던 정형화된 박물관과는 건물의 형태가 완전히 달랐다. 탁 트여 있는 동삼동의 바다에 커다란 은빛 함선이 정박해 있는 듯한 느낌이었다. 흡사 영화 '젠틀맨 리그'에 나오는 '노틸러스호'가 있는 것 같은 착각이 들었다.

그런 감상도 잠시, 뜨거운 부산의 여름 열기를 피해 신랑과 나는 서둘러 전시관 내부로 들어가려 했다. 시원한 바닷바람이 간간이 불어오기는 했지만, 여름의 열기를 물리치기에는 무리였다. 그러나 어른들의 생각과 같지 않은 아이의 마음은 달랐다. 건물에 들어가기를 거부하는 이 자유로운 어린 영혼은 영도 바다를 향해 놓여 있는 끝이 보이지 않는 해안 산책로를 향해 뛰기 시작했다.

"꺄하하하하"

힘없는 아이의 손을 어이없이 놓쳐 버린 신랑을 원망어린 눈빛으로 쳐다보며 나는 뛰어가는 아이의 모습을 초점을 잃은 채 망연자실 바라볼 수밖에 없었다.

내지르는 소리인지 웃는 소리인지 판단이 서지 않은 채 멀어지는 아이의 목소리를 듣는다. 그것이 어떤 소리이든 아이가 충만한 자유로움에 있기에 나오는 소리라는 것을 나는 알았다. 엄마라 아는 것일까? 정답은 알 수 없지만 적어도 아이가 이 공간에 만족을 느끼고 있음은 단번에 알 수 있었다. 좁은 집안과 뛰어놀 공간이 없는 도시의 건물 속에서만 자란 아이의 눈에 이 넓디넓은 공간이 어떻게 보일까 궁금해졌다. 작은 아이의 낮은 시선으로 보는 평소의 일상들은 어떨까? 다닥다닥 붙어 하늘 끝까지 닿아있는 건물들에 정리되지 않은 채 요란히도 혼란스럽게, 마치 하늘의 일부인양 자리를 차지하고 있는 늘어진 검은 전깃줄이 눈에 걸려 있을 테지. 또 자신의 앞을 빠르게 지나가는 자동차들의 동그란 바퀴 정도가 눈에 보이는 것들이 아니었을까. 생각해 보면 아이에게 있어 탁 트인 해안산책로 너머로 보이는 끝을 헤아릴 수 없이 펼쳐진 바다와 그 바다로부터 들려오는 찰랑이는 파도 소리, 그리고 시원하게 불어오는 바람이 어우러진 이 공간감은 아이의 일생 전체에서 지금껏 느끼지 못했던 확장의 순간이 아니었을까 한다. 그래서 뛰어가는 아이를 잡지 못했다. 아이의 이름을 부르지도, 따라가지도 못한 채 그냥 그 자리에 서서 끝없이 펼쳐진 연결의 연속 속에서 자유롭게 뛰어다니는 아이를 바라볼 수밖에 없었다.

결국 그날 우린 건물 안으로 들어가지 못했다. 신랑도 나도 부산의 여름을 한껏 느끼며 열심히 뛰어다니는 아이의 모습을 지켜보기만 할 뿐이었다.

돌아오는 차 안에서 잠든 아이의 숨소리가 들려왔다. 언제든 탈출하고자 하는 의지를 불태우던 카시트에서 편안하게 몸을 기댄 채 잠든 아이를 보면서 아이에게 필요한 것들은 특별한 공간이나 고급스러운 장난감, 다양한 기능을 가진 기구 같은 것들이 아닐지도 모른다고 생각했다. 그냥 마음껏 자신을 펼쳐낼 수 있는 넓고 안전한 공간이 정말 필요한 것이 아닐까? 내가 어릴 적 아무것도 없는 산과 들, 논과 밭에서 놀던 그때 장난감 하나 없어도 계절의 춥고 더움 같은 것은 잊어버리고 그저 자유롭게 놀며 즐거워했던 기억만 남아 있는 것처럼 말이다.

아직 18개월 밖에 되지 않는 아이의 기억 속에 이날의 즐거움이 어떤 형태로든 남아있길 빌어본다.

가게 안쪽 창을 통해 5월의 끝에 걸린 봄빛이 하나하나 부딪쳐 왔다. 오고 가는 이야기들을 들으며 사진을 찍으니 귀에 들리는 이야기가 사진 안으로 들어와 마치 사진으로 시간을 훔친 것 같은 느낌이 들었다.

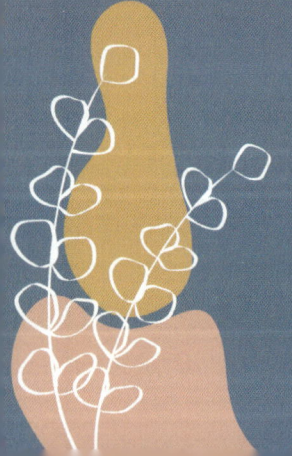

첫 번째 탐방,

깡깡이예술마을 1.

'깡깡깡' 아름답게 빛나는 별

 거대한 주황색의 크레인은 항상 보아왔던 하늘을 더욱 선명하고 밀도 있게 만들었다. 낯선 밀도감이 주는 감각은 부산의 좌중을 뒤덮은 짠내마저 잊게 했다.

 얼핏 비릿한 피비린내로 착각할 만한 철의 냄새와 끈덕지게 몸에 달라붙을 것 같은 기름내가 그곳이 평범한 생활의 공간이 아님을 나에게 알려주는 듯했다.

...

 '더:하다'의 첫 탐방 장소로 깡깡이예술마을이란 지명을 들었을 때, 나는 이곳이 공예 작가들이 모여서 집단을 이룬 지역이라고 생각했다. '예술마을'이란 단어가 주는 설렘은 이곳에 방문하면 영혼의 색이 다른 작가들의 이야기를 엿볼 수 있을 것이란 기대를 가득 품게 하였다. 대학 시절 파주 헤이리예술마을을 방문했을 때의 기억이 워낙 좋았기에 생긴 기대이기도 했다.

 건축학부 3학년 때 건축물 사진 출사로 방문했던 파주 헤이리예술마을은 '자연환경을 최대한 살리는 마을'을 대주제로 건축물에 페인트를 사용하지 않고, 그래서 외벽의 철이 산화되어 붉은색을 띠는 건물이 많다. 3층 이상의 건축물을 짓지 않는다는 기본 원칙을 최대한 살려 건축 설계를 하였다. 참여한 건축가와 각 건물의 클라이언트들이 현존하는 유명 건축가와 예술인들이었기에 건축학과 학생들에게는 성지순례 같은 의미를 가진 장소였다. 그곳의 예술가들은 멀리 경상도에서 올라온 학생들에게 친절했고, 자신들의 가진 다양한 예술의 색을 다양한 방법으로 친절하게 우리에게 설명해주었다. 이때의 경험은 내가 세상을 바라보는 시선을 확장시켜주었다. 그리고 예술은 쉽게 다가가지 못하는 어려운 학문이란 생각을 깨어 내가 지나온 모든 시간에 나 스스로가 의미와 존재를 부여하면 그것은 곧 예술이 됨을 배웠다.

이런 기억 덕분에 파주가 대한민국 북쪽의 예술촌이라면, 이곳 영도의 깡깡이예술마을 역시 파주의 그것과 크게 다르지 않을 것이란 기대가 있었다. 설령 헤이리예술마을과 같이 유명한 예술가나 건축가가 모인 곳은 아닐지라도, 부산이라는 선명한 색깔을 가진 도시 속에 더욱 선명하고 특별한 색을 지닌 영도에 예술가들이 모여 이룬 예술촌이 아닐까 하는 기대, 나는 뿜어져 나오는 기대감을 숨길 수가 없었다.

"여기서부터가 깡깡이예술마을이에요. 여기 지도에 보이는 이곳 물양장^{이까선창} 인근에서 출발해서 한 바퀴를 돌아 영도 선착장까지 갈 거예요. 예술작품은 걸으면서 볼 겁니다."

대평동에 도착한 후 탐방 팀장 '려'가 나눠준 지도를 보며 답사할 곳의 지리를 머릿속에 넣어두었다.

"민예 누나는 전반적인 느낌을 솔직하게 글로 남겨 주시면 돼요. 답사기, 탐방기 같은 느낌으로요."

그리고 이어지는 미션. 글을 적어 내리는 것에는 자신이 없었지만 주어진 역할이라면 최대한 노력하겠다고 답변하자, '려'는 이내 깡깡이예술마을에 관한 설명했다.

"여기가 왜 깡깡이예술마을일까요? 깡깡이라는 말은 이 지역의 조선소에서 나던 쇠를 두드리던 소리에서 비롯된 말이에요."

조선소? 이름의 유래를 설명 들으며 주위를 둘러보았다. 우리가 집결해 있는 대평로 인근의 상가를 둘러보니 예술과는 거리가 있는 기계 관련 상호들이 눈에 들어왔다. 그리고 이어지는 탐방 팀장의 설명.

"총사업비 약 38억 원을 들여 2016년 5월 1일에 시작하여 2018년 8월 31일로 종료된 사업인데 사업성과를 보면 꽤 성공적인 브랜드라고 할 수 있어요. 예술적인 부분만 보면 28명의 작가진이 참여하여 80여 점의 작품을 남겼는데요, 공간을 재해석해 도시재생이라는 목표를 가지고 예술작품을 조성했으니, 우리는 오늘 대평동 일대를 걸으며 그 작품들을 찾아보고, 이곳에 남아있는 문화유산을 어떻게 기록유산으로 정리해 볼지 이야기해 보도록 해요. 그러니 각자의 시선으로 이곳의 사진을 많이 찍어주세요. 나중에 사진들을 보고 이야기를 더 깊게 나누도록 하겠습니다."

탐방 팀장의 설명을 뒤로하고 주변을 돌아보았다. 언제 지은 것인지, 구조상 안전은 한 것인지 알 수 없는 단층 건물들이 해변의 도로를 따라 이어져 있다. 아스팔트는 원래 어두운색을 띠고 있겠지만, 더 짙은 어둠으로 덮어버린 검은 기름 자국과 산만하게 얽혀있는 건물들 사이에서 툭 튀어나온 크레인이 보행자를 위협하는 이곳이 내 눈에 들어온 '깡깡이예술마을'의 모습이었다.

정돈되지 않은 보도, 여기저기 주차된 1톤의 화물차 그리고 예술작품보다 산업 폐기물과 기계들이 곳곳에 쌓여있는 여기는 내 경험과 인지 속의 '예술마을'이 아니었다.

 발목까지 오는 긴 레이스 치마에 그 길이까지 오는 니트 카디건을 걸친 나는 이곳에서 이방인이 되어버린 기분이었다. 아주 완벽하게 '어울리지 않는' 공간의 '불청객'인 것이다. 이방인과 불청객이란 단어가 머릿속에 떠오르자 이곳을 지키고 있는 이들의 시선이 느껴지는 듯했다. 그들과는 다른 옷차림의 나에게 보내는 시선이 갑자기 두려워졌다. 그들의 공간을 침범했다는 생각이 들자, 순식간에 무서움이란 감정이 날 압박해 왔다. 자연히 조심스러워지는 발걸음. 들이키고 내쉬는 호흡과 그들을 바라보는 내 시선에 떨림이 시작되었다. 두려움과 무서움에 휩싸여 있음을 보이지 않기 위해 자세를 똑바로 세우고, 몸가짐을 조심스럽게 하였다. 이는 내가 다른 이의 공간에 침범한 이방인으로서 그들의 삶을 존중한다는 의미이자 내가 그들의 삶에 보낼 수 있는 최대의 예의였다.

…

 "이것이 우리가 찾은 첫 번째 작품입니다."

 탐방 팀장이 예술작품을 가리킬 때까지 나는 예술작품이 어디에 있는지 찾지 못하였다. '어디에, 무엇이 예술작품이란 말인가?' 내 눈에는 그저 공업소와 고물상의 물건들이 어지럽게 나열되어 있고, 주변에는 강렬한 색이 쓰인 용도 모를 드럼통들만이 눈에 띌 뿐이다.

"이 작품은 《대평의 미래》라는 '신무경' 작가의 작품입니다. 누나, 거기가 아니라 이거. 여기 제 옆에 이 작품이요."

헤매고 있는 나를 향해 탐방 팀장은 친절히 나를 안내했다. 그가 안내한 방향을 향해 몸을 돌리니 '통영 고물상' 길 건너에 배의 운전대에 해당하는 '키' 모양의 조형물이 보였다. 조금 더 다가가 형태를 살피니 '키'와 거대한 '닻'이 하나의 연결체가 되어 서로를 지지하고 있었다. 우리가 '배'라는 형태를 생각하면 떠올리는 기본 몸체는 사라지고 방향을 조절하는 '키'와 배를 안전하게 정박시키는 '닻'만이 서로를 유기적으로 잇고 있을 뿐이었다. 모호한 모양에 어리둥절하며 서둘러 작품을 설명하는 명판을 찾아 읽는다. 사물에 대해 이해가 부족할 땐 무조건 사용 혹은 작품 설명서를 읽자. 이것은 삶을 이해하기 위한 중요한 진리이다.

마을의 풍요를, 그리고 이곳을 방문하는 모든 이에게 희망찬 미래로 안내하고자 하는 바람을 담아 만들었다는 작가의 의도를 작품을 설명하는 명판으로 알 수 있었다.

숨을 한번 크게 속에 담으며 주변을 다시 돌아보았다. 어지러이 위협적으로 나열되어 있다고 생각한 공간들, 좁은 길을 지나가는 트럭들, 검푸르러 보이는 바다 위에 '낭만이란 것이 이곳에 있었을까?'라는 의문이 들 정도로 무미건조하게 정박된 배들과 그 위에서 무언가를 수리하고 있는 기술공들 그리고 기름때 묻은 작업복 차림에 진지한 표정으로 자신의 앞에 있는 것들을 정성스레 대하고 있는 사람들이 보였다.

그제야 나는 이곳의 정체성을 똑바로 인지했다. 이곳은 내게 익숙한 '관광의 바다', '휴양의 바다'가 아니었다. 이곳은 '치열한 삶의 바다'였다.

이곳에서 내가 느끼던 두려움은 경험해 보지 못한 미지의 삶에 대한 무지와 낯섦에서 오는 공포였던 거다. 이곳에 있는 것은 파주 헤이리예술마을의 그 고아한 '예술'과는 결이 다른 '예술'이었다. 이것은 **'아버지의 기름에 찌든 바지, 어머니의 두텁고 거칠어 버린 손'**이 떠오르는 '투철한 삶'의 예술이었다. '바다'가 가지는 여유 넘치는 낭만적 감성이 아니라 '생존'이라는 절실한 감성이 가득 찬 공간이었다.

다시 한번 신무경 작(作)의 《대평의 미래》를 바라보았다. 그리고 생각했다.

'작가가 느꼈던 이곳은 어떠했을까?'

'그는 이곳에서 무엇을 꿈꾸었을까?'

보호와 안정의 '닻'과 앞을 향해 나아가는 자유로움의 '키'를 소재로 서로 이어져 있는 이 작품은 하루를 지나 매일을 이어가고 있는 대평동 사람들의 삶과 소망을 작가는 작품을 통해 응원하고 있었던 것이 아닐까 하는 생각이 들었다.

...

팀은 탐방 팀장의 안내에 따라 2시간 정도의 시간을 들여 예술작품을 찾아다녔다. 작품들은 어지럽고 혼란스런 공간에 들어앉아 있었기에 숨바꼭질하듯 하나씩 찾아볼 수밖에 없었다. 관리가 되지 않았던 작품들에 눈살이 찌푸려지기도 했지만, 투어의 마지막에서는 오히려 관리가 되지 않았기에 대평동의 정체성을 이방인의 내가 알고 느낄 수 있었다고 생각하게 되었다.

만약 미술관에서 부동의 자세로 고아하게 자신만의 빛을 발하고 있는 작품들이었고, 이것만을 위해 주변을 정리하고 작품들을 관리했다면, 재개발이라는 이름 아래 그 공간이 품은 시간과 기억을 지워버린 부산 안의 무수한 다른 공간들과 같았지 않았을까?

 손에 들려있는 '깡깡이예술마을'의 안내서를 내려보았다. '깡깡이' 그리고 '예술마을'. 대평동의 기억을 보존하고자 했던 기획자의 마음이 보였다. 또 대평동 주민들의 삶과 그것을 아름답게 보존하고자 했던 참여 작가들의 마음이 안내서에 적힌 글자 위에서 반짝반짝 빛나는 것 같았다.

...

 "2시간이나 걸었어. 우리 어딘가에서 좀… 쉬자."

 익숙하지 않은 거리를 긴장하면서 걸었던 탓인지, 아니면 탐방 장소에 눅진하게 배어있는 철과 기름 냄새 때문인지, 겨우 두 시간 정도 걸었던 것뿐인데 몸에 피곤이 몰려들었다. 체력의 문제는 아니었다. 박물관이나 미술관에서 전시를 볼 때는 매번 첫 타임으로 입장에서 마감 시간에 나올 정도로 걷는 것에는 자신이 있는 나였다.

 그러나 주변을 아무리 살펴보아도 각종 기계를 제작하고 판매하는 곳만 있을 뿐, 우리가 쉴 공간은 보이지 않았다.

 "우리 주제가 커피와 영도 아니니? 왜 이런 곳에 온 거야? 여기에 카페가 있기는 한 거야?"

다소 불친절한 말투로 탐방 팀장에게 볼멘소리를 내었다. 오늘 아침만 하더라도 어여쁜 동네를 상상하며 한적한 마을 커피숍에서 커피를 마시면서, 탐방 에세이의 글 한쪽을 쓸 생각으로 나왔던 나였다. 그런데 지금은 마치 '이상한 나라의 폴'이 된 기분이었다. 10살 생일을 기점으로 이상한 나라로 초대받고, 친구 니나가 납치되고, 갑자기 마왕의 부활을 막기 위해 싸우게 된 폴처럼 당황스러운 상황 전개와 진창에 빠진 듯한 기분으로 쉴 곳을 원하고 있었다.

"조금만 더 가시면 인스타에서 핫한 '양다방'이라는 곳이 있어요. 그리고 그쪽으로 나가면 다른 커피숍 몇 개 더 있으니 조금만 힘내 주세요."

곤란한 듯한 표정과 어르는 듯한 말투로 답하는 탐방 팀장을 보며, 내 기분이 어느새 말투가 된 것에 순간 내가 실수를 했다는 생각과 그로 인해 미안한 마음이 올라왔다. 하지만 서둘러 앞서 걷는 탐방 팀장의 걸음에 방금 한 대화의 실수를 수습할 기회를 놓쳐버렸다. 나는 미안함에 물들어 기계 상가들과 조선소 사이사이에 숨어 있는 예술품을 빠르게 눈으로 훑으며, 열심히 그의 뒤를 따랐다.

두 번째 탐방,

깡깡이예술마을 2.

카페 'Trésor'

누군가의 보물섬

2층 붉은 타일집.

1층 유리창을 장식한 어닝의 맑은 푸른색은 마을 전체를 가득 채운 철의 냄새와 집요하게 따라오는 기름 냄새 사이에 깨끗한 숨 하나를 내 몸에 부어 넣는 느낌이었다.

...

"어? 여기 커피숍이 있어!"

기계 소리만 가득했던 골목길 한 편에 있는 낡은 간판을 손으로 가리키며, 나는 꼭 보물찾기에서 1등이 적혀 있는 쪽지를 발견한 듯 한껏 들뜬 목소리로 탐방 팀장의 걸음을 붙잡았다.

Trésor. 붉은 타일을 벽돌처럼 두른 2층의 소담한 건물. 맑은 푸른 어닝이 눈에 띄는 곳이었다. 다급하게 팀장에게 커피숍의 발견을 알렸지만 쉽게 들어가기가 망설여져, 가게 앞에 서서 카페의 간판을 유심히 바라보았다.

'원래 저런 색이었을까? 아니면 빛이 바래서 저런 색깔일까? 왜 흰색 페인트로 저렇게 낙서하듯 간판 배경을 칠한 걸까?'

갑자기 어디선가 시선이 느껴져 올린 시선을 내렸다. 그때 어느 신사분과 시선이 교차했다. 커피숍으로 들어오지 않고 바깥에서 멍하게 가게를 관찰하고 있는 어느 이방인을 주인인 듯한 이가 카페 안에서 지긋이 바라보고 있었다. 어색해진 시선과 시선 사이의 시간에서 벗어나고자 나는 카페에 문을 열고 들어섰다.

다정하게 반기는 고소한 빵의 냄새,

귀에 익은 익숙한 멜로디,

어느 유명 음료 광고의 상쾌함을 연상시키는

밝은 흰색과 맑은 푸른색의 조화로움.

이 모든 것이 어우러져서 내 몸에 맑은 숨 하나를 통으로 부어 넣은 듯했다. 익숙하지 않은 거리가 주었던 긴장감은 카페에 문을 열고 들어선 순간, 씻겨 내려지는 듯했다.

"난 미지근한 아메리카노."

언제부터인가 '아이스'에서 '미지근한'으로 바뀐 커피 취향. 뜨거운 커피를 마시는 사람의 취향을 이해하지 못하고 언제나 아이스로만 마셨지만, 시간이 지나고 나도 불혹이 되고 나니, 변해가는 내 몸 상태를 무시할 수 없는 지경에 이르렀다. 그래서 끝내는 몸의 상태와 취향의 타협점을 찾아 '뜨거운'이 아닌 아직은 '미지근한' 아메리카노에 정착했다.

오래 지나지 않아 주문한 커피가 나왔고, 나는 커피를 몸 안에 부어 넣으며, 익숙한 쓴맛에 한 번 더 몸의 긴장을 풀고 주변을 꼼꼼히 살펴보았다.

호기심으로 가득 찬 내 눈에 벽 한 면을 장식하고 있는 흑백사진이 눈에 들어왔다. 슬며시 몸을 일으켜 사진 쪽으로 향했다. 그리고선 보물 이야기를 찾는 듯 사진을 하나하나 살피고 있으니 그 모습을 보시던 카페 사장님이 말을 걸어왔다.

"바로 그 사진 속 인물이 접니다. 그리고 거기 보이는 건물이 바로 맞은편 건물이에요. 이 동네에서 가장 오래된 건물이죠."

이미 지나간 흑백사진 속의 시간이 간직한 추억을 이야기하는 사장님. 그는 이곳에서 나고 자랐다고 했다. 그리고 어릴 때 살던 집을 수리해서 지금의 이 카페를 만들었다고. 그의 반짝이는 기억 속의 이야기를 듣고 있자니, 이 동네는 지금과 다르게 활기 가득했던 것 같다. 번성했던 영도의 조선업 아래 많은 이들이 흘린 땀과 시간이 쌓여있는 곳이 바로 이곳이라는 설명을 하는 사장님의 표정에서 반짝이는 무언가를 본 듯한 기분이 들었다. 그리고 이어지는 지금 이곳의 이야기들. 그 많던 이들이 점점 떠나며 변해버린 이곳의 풍경을 그는 진심으로 안타까워하고 있었다.

이곳을 탐방하며 이방인으로서 느낀 낯섦과 두려움 그리고 거대한 이질감을 가진 나와 반대로, 그는 이곳에서 나고 자란 이로써, 이 공간은 그에게 있어서 '우리'였다. 철과 기름 냄새도, 어지럽게 길을 점령하고 있는 고철들도, 기름때로 찌든 작업복을 입고 거친 손을 가진 이들 모두 이미 그에게는 '우리'라는 단어에 포함되어 있었다.

...

'Trésor'는 프랑스어의 남성형 명사로 보물, 보배, 혹은 소중한 존재를 뜻한다고 한다. 이 뜻을 사전에서 찾아보며 나는 공감의 미소를 지었다.

내가 알지 못하는 세계. 내가 알지 못하는 공간의 기억.

나는 이 작은 카페에서 나에게는 낯선 세계의 반짝이는 보물 한 조각을 이곳을 지키고자 한 누군가로 인해 만나게 된 것이었다. 그리고 이 반짝임이 힘없이 잊혀 가지 않기를 바래본다.

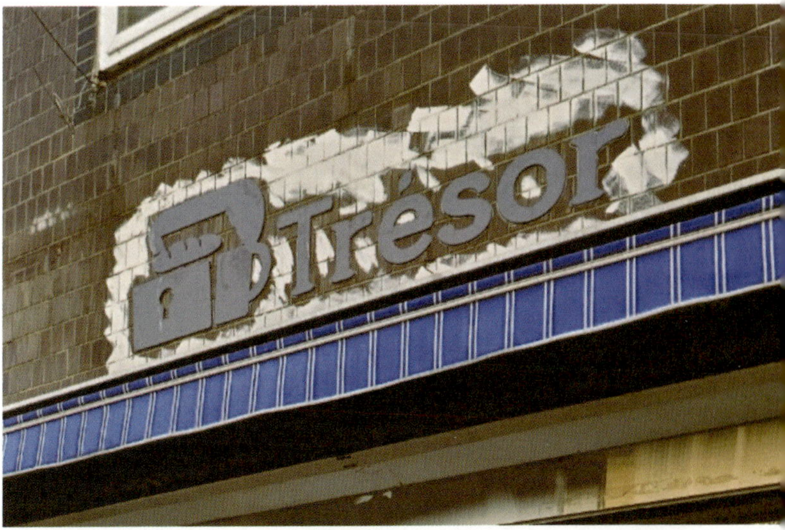
Trésor

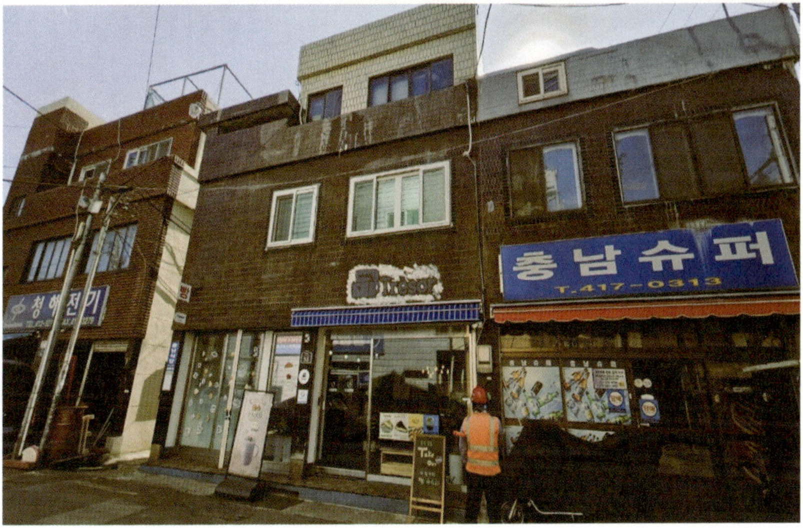
Trésor
충남슈퍼
T.417-0313

양다방

반짝이는 기억과 추억의 공간

레트로retro한

과거의 모양, 정치, 사상, 제도, 풍습 따위로 돌아가거나 그것을 본보기 삼아 그대로 좇아 하려는 것을 통틀어 이르는 말.

힙hip하다

고유한 개성과 감각을 가지고 있으면서도 최신 유행에 밝고 신선함을 추구하는 말.

...

몇 년 전, 독서 동아리의 모임 장소를 찾기 위해 멤버들과 인스타그램을 이용하여 분위기 좋은 카페를 검색했던 일이 있었다. 그때 우연히 화두로 던져졌던 것이 '인스타 감성은 무엇인가?'였다. 길을 걸으며 오고 가던 대화 속에 툭 던져졌던 이 화두는 그날 엄청난 웃음을 우리에게 선사했다.

30-40대가 주를 이뤘던 독서 모임의 멤버들은 MZ세대의 힙한 감성과 그들이 열광하며 추구하는 트렌드를 설명하기 위해 아주 잠시 혼란스런 고민에 빠졌었다. 이것을 자신들이 생각하는 '라떼식' 해설로 최대한 유려하게 풀어내려는 노력 속에 누군가 이야기를 적절히 끊어 내며 어느 한 건물을 가리켰다.

"어! 여기가 인스타 감성공간인데! 여기에 툭 앉아 커피를 한잔 마시면 힙한 거지 뭐. 우리 그냥 여기서 모임 할까요?"

일행들은 가던 길을 잠시 멈추고 그 건물을 바라보았다. 그리고 우리는 일제히 길이 떠나가라 웃을 수밖에 없었다. 웃음 중에 내 웃음이 가장 컸던 기억이 난다. 인스타 감성이 넘쳐흐른다고 추천받은 그 공간을 묘사하면 이러했다. 아직 내, 외부 장식이 되어있지 않은 채 건축이 진행 중인 혹은 어떠한 사정으로 멈춰버린 듯한 공간이었다. 아직 외부에는 비계가 설치되어 있었고 곳곳에 각종 건축 자재 그리고 폐기물들이 어지럽게 배치되어 있는 곳. 멋있고 예쁘기보다는 을씨년스러운 그곳을 가리켜 인스타 감성이라 표현한 것이다. 나는 큰 웃음이 터졌지만 그것과 동시에 그의 추천에 동의할 수밖에 없었다.

어느 순간부터 인스타그램 같은 각종 SNS에는 대형 창고, 공장, 폐건물의 인테리어를 그대로 차용한 비정형의 인테리어를 한 카페들이 자주 보였다. 그리고 후에는 일명 핫플$^{hot\ place}$이라 불리며 유행을 주도하고 있는 것을 익히 알고 있었기 때문이다.

'왜 이런 공간들에 우리는 열광할까? 아니, 지금의 MZ들은 왜 열광하게 된 걸까?' 카페란 공간은 일상에서 벗어나거나 혹은 일상에서 차^{tea}를 마시고 다과를 즐기며 휴식을 취하던 곳이 아닌가. 잠시 리플레시하는 공간. 그래서 내가 기억하는 카페는 아기자기하거나 반대로 모던한 느낌이 주를 이뤘던 것 같은데, 완벽히 인공적으로 정형화된 공간들은 어느 순간부터 익숙하지 않은, 친절하지 않은 느낌으로 비정형이 될수록 사람들은 폭발적으로 열광하며 꼭 공간을 소비하듯 찾아다닌다. 공간도 일종의 소비재로 바뀌어 버린 것에 잠시 안타까움을 느낀다. '이렇게 쾌적하지 않고 불친절하며, 그리고 익숙하지 않은 공간들이 주는 매력은 무엇일까'라는 생각을 조금 가볍게 해 본다.

'나에게 이런 건 네가 처음이야.'

흔한 통속 로맨스 소설 안에서 백마 탄 왕자님 같은 남자 주인공이 평범한 여자 주인공에게 한눈에 사랑을 빠지면서 읊어대는 이 대사. 혹시 '네가 처음이야.'의 효과인가.

 가벼운 마음으로 웃자고 생각한 것이지만, 어찌 보면 문화의 주류를 담당하는 세대들에게 현재 유행하고 있는 비정형의 공간들이 가지고 있는 분위기가 새로움으로 다가와 그들에게는 그것이 개성으로 느껴질 수도 있겠다 싶었다. 요즘말로 이런 것이 '힙하다'라고 표현하는 것이 아닐까.

...

 5월부터 시작된 영도 카페 탐방은 T적 감성을 지닌 탐방 팀장의 주도 아래 영도를 8개 구역으로 나누고, 각 구역의 많은 카페들 중 지역성을 담고 있거나 SNS 등에서 화제가 된 곳을 2-3군데 선정해 탐방하는 것을 골자로 계획하였다.

 그리고 첫 번째 탐방 구역인 '깡깡이예술마을'에서는 이런 기준으로 지역성을 담고 있는 인터넷 정보만으로는 그 의미를 다 알 수 없었던 보물 같은 장소인 'Trésor'와 미디어에 소개되어 화제성을 지닌 '양다방'이 선정된 곳이었는데, 깡깡이예술마을의 탐방이 두 차례로 나뉘게 되면서 카페의 방문도 각각 첫 번째와 두 번째로 나뉘게 되었다.

양다방은 대평 로타리 부근에 자리 잡은 곳으로 첫 번째 탐방에서 방문한 Trésor에서 조금 아래쪽에 있는 곳이다. 첫 번째 탐방에서는 당시 일정이 맞지 않아 함께 하지 못한 멤버가 있었기에 방문하지 못했었다. 꼭 함께 가고 싶었기에 모든 멤버가 탐방에 나선 두 번째 탐방이 되어서야 방문한 곳이다.

양다방은 앞서 언급한 힙한 감성의 카페들 중 레트로라고 불리는 것에 가장 대표적인 장소라고 생각한다. 의도적으로 공간을 드레스 업 하듯 레트로의 옷을 입혀놓은 것이 아닌, 그곳에 있는 모든 존재가 그 장소에서 시간이라는 기억을 품고 있는 진정한 레트로인 공간. 몇 번이나 바뀐 사장 자리지만 지금의 사장님도 20년이 넘는 시간을 이 자리에서 보내온 분이니 말 다했다.

이것이 바로 진짜 레트로다.

우리는 지금까지 힙하고 핫하다는 공간에서

몇 가지 소품만 구해 전시해 놓은

오래됨을 흉내 낸 가짜 레트로만 보았을 뿐이다.

...

 들어서는 입구에 놓인 간판에서부터 이곳은 '어린아이들은 들어가면 안 될 장소(?)'라는 분위기를 물씬 풍긴다. 양다방. 다방이라는 단어가 주는 울림 속에는 왠지 70년대에 유행했던 영화 장르인 호스티스물이 떠오른다. 거친 노동을 끝낸 아버지가 예쁜 언니들의 보얀 손을 맞잡고 어머니께 들키면 큰일 날 삶의 달콤한 휴식을 즐기는, 자칫 잘못하면 위험한 장르로 변해버릴 것 같은 그런 공간. 불혹을 넘긴 나이건만 여전히 함부로 문을 열고 들어가기 주저되는 이 공간이 인스타 속에서 '힙하다' 못해 '핫하다'는 생각을 하자니, 이곳을 발견한 MZ세대들의 용감한 개척 정신에 탄성과 박수가 절로 나왔다.

 양다방 안으로 들어간 나는 그곳에서 생생한 80년대 아니 70년대를 보았다.

 눈을 사로잡는 민트색 아니 옥비녀색인가?, 색 바랜 소파들과 그 위로 놓인 색동 방석. 내가 알지 못하는 오래된 영화 포스터들, 시골 조부모님 댁에서 보았던 것과 비슷한 자개장롱, 스테인글라스를 흉내 낸 스티커를 붙인 창문들 그리고 이 장소에 왜 있는지 모를 각종 생활 소품들. 조심스럽게 주위를 둘러보면서 이 동네 어른들은 이사를 갈 때 여기에 당근으로 소품을 팔고 가는 것일까 라는 생각을 잠시 가볍게 했다.

"어머 사장님 여기 너무 멋지네요. 인스타에서 너무 유명해서 왔어요. 요즘 젊은 사람들이 여기서 사진을 굉장히 많이 찍더라구요."

탐방 기록을 위한 사진 촬영과 인터뷰 협조를 부탁드리기 위해 K-줌마의 영업력을 한껏 끌어 올리며, 첫 인사를 건넸다.

"아이고 말마요. 어제도 일본인들이 많이도 다녀갔었어. 일본에서도 요 가게가 유명한가봐."

"와! 진짜 대단한데요. 다들 어떻게 알고 여기 온 걸까요? 저는 부산에 사는데도 이번 카페 탐방 조사가 있어서 겨우 알게 된 건데 말이죠."

내가 답한 말에 사장님께서 잠시 멈춤을 하시더니, 이내 자신의 이력을 말씀해주었다. 듣고 있자니, 부산 사람인 내가 자신의 가게를 '잘 몰랐다'는 사실을 '잘 알고 있다'로 바꾸어 주고 싶은 듯했다. 그런 사장님의 마음은 나도 충분히 이해한다. 나 역시 부산에서 70년 된 가게를 하고 있으니,

오래된 곳을 지키는 것에 대한 자부심이 얼마나 큰 것인지 잘 알고 있었다.

이전부터 지상파 생활 정보 방송에서 지속적으로 취재를 온 덕에 방송에도 여러 번 나왔었고, 최근에는 웹툰을 드라마화한 디즈니+의 '무빙'에서 '엄지다방'으로 나와 더욱 유명해졌다고 했다.

그 설명을 듣고 벽을 장식하고 있는 포스터들을 살펴보니 정말 방송을 캡처한 사진 속에 이곳 모습이 고스란히 담겨져 있었다. 사진 속에는 앳된 젊은 사장님의 모습부터 지금의 모습까지 시간에 따라 변한 사장님의 변천사도 함께였다.

그리고 자연스럽게 이어지는 인터뷰와 인터뷰를 하면서 내어준 쌍화차. 이곳의 대표 메뉴라고 내어준 쌍화차는 색과 향 그리고 그 위에 조심히 띄어 주신 노오란 메추리알이 어울려져, 깊은 내공이 느껴진다 해도 과하지 않을 자태를 뽐냈다.

자연스럽게 이어지는 탐방 팀장과 대표 그리고 사장님의 인터뷰 시간. 가게 안쪽 창을 통해 5월의 끝에 걸린 봄빛이 하나하나 부딪쳐 왔다. 오고 가는 이야기를 들으며 사진을 찍으니 귀에 들리는 이야기가 사진 안으로 들어와 마치 사진으로 시간을 훔친 것 같은 느낌이 들었다.

사장님의 추억과 그 추억 속에서 화려했던 대평동의 과거 이야기들. 남아있는 이들이 내뿜는 그리움들이 내 카메라 안에 담겼다. 이 공간에 사람들이 열광하는 이유는 어쩌면 이 공간에 남겨진 그리움의 시간들이 힙함을 추구하며 공간마저 빠르게 소비해 버리는 세대들이 가지지 못한, 그들에게만 새로운 감성이어서 그런 것은 아닐까.

영화 '코코'가 떠오른다. 누군가가 자신을 기억하고 그리워해야 존재할 수 있는 저세상의 영혼들. 남겨진 가족들에게 자신과의 추억과 시간들, 그리고 자신의 존재를 기억해 주길 바라는 마음이 담긴 노래 'remember me'가 떠오르는 것은 내가 찍은 시간을 훔쳐버린 사진 때문일 것이다.

인터뷰를 하면서 추억에 잠기는 사장님과 오랜 시간이 먼지처럼 내려앉은 양다방을 바라보며 이곳이 많은 사람들의 기억 속에 남아 더 많은 시간에 존재할 수 있기를 바래본다.

Remember me,
Though I have to say goodbye.

나를 기억해줘,
비록 작별 인사를 해야 하지만

Keep our love alive, I'll never fade away.

우리의 사랑이 계속된다면, 나는 결코 사라지지 않을 거야.

코코 OST 중.

세 번째 탐방,

　　　　　글로벌 영도커피페스티벌.

"엄마! 여기 커피뿐이야? 다른 것은 없어??"

5월의 토요일. 바이올린 레슨을 마친 둘째 아이를 데리고 영도에 들어왔다. 영도는 '왔다'라는 표현보다는 '들어왔다'라는 표현을 써야 이곳 영도에 온 맛이 나는 듯하다. 오랜만에 아이와 함께하는 시간이 기대되었다. 올해 둘째의 사춘기가 시작되면서 가족들보다 친구들과 주말 시간을 보내던 아이가 어쩐 일인지 이번 주에는 내 일정에 동행하였다. 그리고는 지금은 자주 볼 수 없는 어릴 적 보여주던 사춘기 기운이 없는 천진한 표정으로 날 올려다보며 묻는다.

"아니 커피 말고도 다른 음료도 구매할 수 있을 거야. 만약에 커피뿐이라면 저기 해양박물관 가서 음료 사고 다시 오면 되지. 한번 천천히 둘러보자. 다리 아프면 말해."

언제 바뀔지 모르는 아이의 감정이 상하지 않고, 뽀로통한 사춘기 표정이 나오지 않게 '엄마는 너를 배려해.'라는 마음을 가득 눌러 담아 다정한 목소리로 최대한 조심스럽게 말을 전한다. 오랜만에 아이와 함께하는 시간을 망치고 싶지 않은 사춘기 자녀를 둔 부모는 언제나 벼랑 끝에 서 있는 불안한 마음이 가득한 가여운 존재들이다.

...

 세 번째 동아리 활동으로 탐방 팀장 '려'가 추천한 것은 '글로벌 영도커피페스티벌'이다. 출발 전 행사가 열리는 장소를 검색해 보니 아이들이 지금보다 더 어릴 적에 열심히 방문한 국립해양박물관의 한쪽 끝 편과 연결되어 있던 '아미르 공원'이었다. 나는 약간 방향치라 항상 새로운 장소를 갈 때는 '장소를 잘 찾아갈 수 있을까?'라는 걱정에 내비를 한번 쭉 보고 가는 습관이 있는데, 이번에는 자주 갔던 장소여서 편한 마음으로 아이와 함께 참여할 수 있었다.

 행사 임시 주차장에 차량을 주차하고 도보로 10분쯤 이동하니 아미르 공원이 보였다. 항상 부산해양경찰서 방면으로 들어와 국립해양박물관을 통해 아미르 공원에 방문하다가, 이번에는 해양로를 따라 국립부산해사고등학교 방면으로 좀 더 이동해 아미르 공원을 방문했다. 그랬더니 주변의 풍광이 내가 알고 있는 영도의 모습이 전혀 아니었다. 흡사 인근의 창원 혹은 양산 지역에서 보았던 신도시의 느낌이 들었다. 반듯하게 정리된 넓은 도로와 산책하기 좋게 잘 정비되어 있는 인도, 그리고 빈 곳을 메꾸듯 네모반듯하게 올라간 아파트 단지와 상가들이 봉래산 산자락을 빼곡히 메워 놓은

작은 집들과는 전혀 다른 분위기를 만들어 주고 있었다. 동아리 활동을 통해 영도의 여러 곳을 방문했었지만, 이 지역의 모습은 너무나도 새로운 모습이었다. 옛 모습이 전혀 기억나지 않는, 흡사 과거의 시간을 잃어버린 도시의 모습과 닮아 있었다.

...

 5월의 햇살이 공원의 잔디 위로 들이부어졌고, 따스하기보단 따가운 열기가 피부 위로 무겁게 내려앉았다. '2024 글로벌 영도커피페스티벌'이라고 적힌 커다란 나무 게이트를 지나자 초록빛 잔디 공원과 구름 없는 맑은 푸른빛의 하늘이 영도의 봉래산 자락과 바다가 서로 뒤집혀 있는 것 같은 착각을 불러일으켰다. 그리고 저 멀리 보이는 지평선인지 수평선인지 모를 곳까지 뻗어 있는 행사장은, 들어서자마자 야외임에도 불구하고 진한 커피 향내를 뿜어냈다. 둘째는 이런 행사가 낯설었는지 더운 날씨에도 내 손을 꼭 잡아 쥐었다.

이번 행사는 몇 가지로 나누어 볼 수 있었다. 부산·경남 지역의 중·소상공인들이 직접 로스팅한 원두를 선보이는 스페셜티 커피존, 각종 디저트를 판매하는 디저트존, 여러 주변 국가의 차와 문화를 소개하는 글로벌 커피존 그리고 영도에서 활동하는 시민단체들의 부스가 행사를 이끌고 있었다. 벡스코에서 열리는 커피 페스티벌과는 조금 다른 느낌. 벡스코에서의 행사가 기업의 홍보 느낌이 강했다면 이곳은 커피문화의 즐김과 어울림을 강조한 느낌이 들었다. 판매를 목적으로 설치된 부스들도 있었지만, 대체로 자신들이 만들어낸 그들의 정체성이 담긴 커피를 홍보하는 느낌이 더 강했다. 또한 홍보를 체험과 함께 버무리면서 단순한 전시 관람의 형태가 아닌 적극적 관람 형태를 띠고 있었다. 예를 들면 이런 것들이다. 나와 동행한 둘째 아이가 커피를 이용한 천연 비누 만들기와 커피 찌꺼기를 이용한 커피 클레이 키

링 만들기 체험을 했는데, 이를 통해 커피를 단순히 어른 세대들이 즐기는 문화로만이 아닌, 커피가 가지는 여러 가치에 대해 배울 수 있었다. 그뿐만 아니라 체험과 교육의 대상을 아이에서부터 어른에게까지 확장함으로써 성인 관람객을 단순한 소비의 주체로만 보는 것이 아니라 커피문화에 대한 인식 변화의 대상자로 바라보았다는 것에 큰 인상을 받았다.

그리고 행사장 중앙에 관람객이 쉴 수 있는 휴식 공간을 마련해 놓았는데, 이곳에 캠핑 의자들과 빈 백bean bag, 그리고 작은 텐트를 설치해서 마치 공원에 소풍 온 듯한 분위기가 나도록 연출해 놓은 것도 인상적이었다.

이런 시간을 아이와 함께 보내면서 이번 페스티벌이 단순히 영도의 커피 산업에 대한 홍보가 아니라 지역민 모두가 참여하고 어울릴 수 있는 문화의 한 장르로 접근하고자 했고, 그 결과는 '성공적이었다'고 평가할 수 있을 듯했다.

앞으로도 이런 참신한 기획들이 더욱 많이, 일상 가까이에서 펼쳐져 누구라도 다양한 문화를 누릴 수 있길 바래본다.

다섯 번째 탐방,

　　　　　　　　동삼혁신지구.

동아리 활동으로 5월의 '글로벌 영도커피페스티벌'과 연계하여 동삼동 일대를 둘러보자고 탐방 팀장 '려'가 제안을 했다. 항상 팀장의 계획에는 별다른 의견과 감정이 없었지만, 이번 제안은 어쩐지 더없는 반가움이 내 안에서 올라오는 것을 느꼈다. 앞에서도 잠시 언급했지만 약간 길치인 나에게는 익숙한 공간에서 긴장을 풀고 활동한다는 것만큼 반가운 일이 없기에, 나도 이번 제안에 여러 카페를 추천하면서 기획부터 적극적으로 참여할 수가 있었다.

이번 활동에 최종적으로 리스트업한 곳은 385, 피아크, 라운지B 정도였다. 물론 다른 공간들도 후보로 올라왔지만 동삼동에 있는 카페의 특징을 가장 잘 보여주는 곳이 위 세 곳의 장소라는 멤버들의 의견이 모아져 확정하게 되었다. 나에게도 세 곳 모두 자주 방문하여 익숙했던 곳이라 이번 활동에 반가움이 더욱 클 수밖에 없었다.

"동삼혁신지구는 1978년부터 1995년까지 부산항 북항 개발과정에서 나온 준설토투기장이 있었던 매립지를 개발한 곳이에요. 지금은 각종 개발사업을 통해 공공기관들이 많이 이전해 왔고 …… (생략) …… 그래서 이번에 가보도록 하죠."

 탐방 구역과 카페들이 선정되자 우리 모임 채팅방에는 팀장의 탐방 지역에 대한 자료와 설명글이 올라왔다. 아무도 팀장에게 먼저 묻지 않았지만, 자연스럽게 이어지는 이 과정에서 어느새 동아리 활동에 절반가량이 지나왔음을 새삼 깨닫게 된다.

카페 '385'

언덕 위의 그곳

평일의 아침은 언제나 조용히 시작된다. 가족들은 자신에게 주어진 역할을 소화하기 위해 각자의 생활공간으로 이동한다. 그렇게 혼자 집에 남은 나는 조용히 이 공간에서 내가 해야 할 일들을 언제나 같은 루틴으로 반복해서 이어간다.

6월의 아침. 올해 봄부터 유독 비가 많이 오더니, 6월이 되자 더운 날씨에 바다의 습기와 비가 더해져 눅진한 짠내가 집안 구석구석에 스며들었다. 거실 창문으로 보이는 6월의 부산항 바다는 푸른 바다의 끝없는 수평선을 보여주는 것이 아니라 내 시선까지 습하게 만드는 해무 가득한 하얀 바다만 보여준다. 그리고 언제나 창의 전경에서 한 부분을 담당하고 있는 영도는 그 해무로 인해 미스터리한 사건이 일어나고 있을 것 같은 분위기를 연출한다. 바라보면 바라볼수록 어떤 사건 속으로 빠져들게 만드는 풍경을 창가에 서서 바라보다가 커피 한 잔 진하게 마시고 싶은 충동을 느낀다.

"오전 9시." 조용히 지금의 시간을 중얼거려본다. 그리고 빠르게 오늘 하루의 일정을 되새김질 해본다.

오늘은 정오에 동아리 활동으로 동삼동 일대의 카페를 방문하기로 한 날이다. 매일의 루틴대로 커피머신에 커피를 내리려 이동하다 말고 급하게 계획을 바꾼다.

'동아리 활동으로 오늘 방문하기로 한 카페에 가자.' 미리 방문하여 커피 한 잔 여유 있게 마시면서 책을 읽는 것도 좋을 것 같다는 생각에 몸을 바쁘게 움직인다. 금일 방문할 곳이 바로 북카페 콘셉트를 가지고 있는 공간이기에 책 한 권 읽기 더없이 좋은 장소라며, 이런 아이디어를 떠올린 나 자신을 칭찬한다.

...

'부산 영도구 태종로 539에 위치한 카페 385'

영도 구청을 지나 조금 더 이동하면 나오는 언덕 위의 4층 건물. 주변의 조망을 오롯이 즐기도록 디자인된 이 건물은 바다를 바라볼 수 있는 2면의 전창과 영도의 도시를 느낄 수 있는 2면의 디자인 창으로 우아하고 다채롭게 조망을 확보했다. 그리고 노출 콘크리트의 외장에 테라스를 위한 필로티 형식을 채용, 건물 내부에 단순하지 않은 층고와 레벨을 이용하여, 건축 당시 일반적인 공간 형태에 익숙해져 있는 방문객들에게 공간 자체만으로 힙한 감각을 주었을 것으로 짐작되는 그런 공간이다.

지금이야 재미와 감각으로 뭉친 공간들이 부산 및 영도의 곳곳에 많이 형성되어 공간 자체가 주는 즐거움의 눈높이가 올라가 있지만, 분명 이곳은 건축 당시에는 영도의 대형카페 중 정점에 있었을 공간임은 틀림없었을 것이다.

...

"미지근한 아메리카노 주세요."

부산의 푸르른 바다를 상징하는 듯한 파란 대문을 열고 매장에 이끌리듯 들어서면 20여 종의 디저트들이 맞이해주는 공간이 나온다.

의외로 넓지 않은 카페의 로비는 아마도 보이는 곳보다 더 많은 공간을 디저트와 커피 제조를 담당하는 공간으로 이용하고 있기 때문이란 추측을 가능케 한다. 물론 지금에야 대형카페들이 흔히 취하고 있는 마케팅 수단이지만, 이런 접근 방법은 고객들로 하여금 특별한 맛과 서비스를 제공받을 수 있다는 환상적인 믿음을 갖도록 영향을 주는 방법임은 확실하다.

언제나처럼 적당한 디저트 하나와 미지근한 아메리카노를 들고 자리로 이동하였다. 1층과 2층을 제외하면 나머지 층은 노키즈존으로 사용자를 제한하고 있기에, 항상 아이와 동행했던 나는 2층에서 커피를 즐기는 것이 이곳 경험의 전부였다. 하지만 지금은 혼자 이곳을 방문했기에 나는 자유로운 걸음으로 4층으로 향했다.

4층에 도착하니 한쪽 벽에는 층고 끝까지 밀고 올라간 책장의 책들이 공간 자체에 무게감을 주고 있었다. 하지만 레벨이 다르게 구성된 2면의 전창에 띄운 바다 풍경이 책의 무게감으로 공간이 기울지 않도록 하여 적절한 밸런스를 맞춰 주고 있었다.

오픈에 맞춰 방문하였기에 아직은 누구의 숨도 섞이지 않은 공간. 나는 조망이 좋은 자리보다는 정오에 있을 회의를 위해 긴 데스크가 있는 자리로 향했다. 적당한 음악이 흐르고, 또 적당한 온도로 맞춰진 뜨겁지 않은 아메리카노를 마시며 가지고 온 책으로 눈을 돌리기 전에 내 맞은편의 시야를 가득 채운 전창의 풍경을 눈에 담는다.

창밖의 바다는 한없이 넓은 아버지의 그늘을 닮았다.

습한 날에 불어오는 바람에서 어머니의 땀에 젖은 옷자락이 떠오르는 것은 멀리서 보는 저 바다의 모습이 마냥 아름답지만은 않았기 때문일 거다.

바다의 한편에서 어릴 적 기억 속에 남아 가슴 한쪽을 저리게 만드는, 땀에 쩐 그분들의 모습이 떠오른 것은 나도 이제 그 땀이 가지고 있는 무게를 알고 있는 나이가 되어서일 것이다. 그렇기에 지금 내가 보는 이 바다가 더 아련하고 그리운 것은 아닐까.

짠하게 밀려오는 저림에 목이 타들어와 이제 내 체온에 가까워진 커피로 목을 적신다. 해무가 걷히며 드러난 바다는 깡깡이예술마을에서 보았던 것처럼, 그저 아름다워 눈 반짝이며 감탄이 올라오는 그런 바다가 아니었다. 일하는 바다. 멀리 보이는 북항의 전경을 한 폭의 그림처럼 담아낸 풍경에서 꼭 고흐의 작품 '구두 한 켤레' 속에서 느껴지던, 삶의 무게와 그 무게를 이고 앞으로 걸어 나아가는 누군가의 땀이 느껴지는 것은 이미 나도 저 풍경 속에, 그리고 그 그림 속에서 헤매고 있는 자이기 때문은 아닐까.

...

385란 뜻이 뭘까? 문득 궁금해졌다.

처음엔 이곳의 지번인 줄 알았다. 카페의 지번이 카페의 이름이 되는 유행이 있었으니 말이다. 그러나 이 물음의 답을 찾기 위해 카페의 주소를 검색해 보니 전혀 다른 539번이란 번호가 나왔다. 그럼 385는 무엇을 의미하는 것일까?

궁금증을 풀기 위해 초록 검색창에 내 질문을 올려 보았다. '성경의 스트롱 코드 번호 385에 해당되고, '아나스파오άνασπάω : 끌어올리다'에서 유래되어 삶의 질을 끌어 올려주는 카페'라는 의미로 지었다는 자료를 찾았다.

그럼 '스트롱 번호는 또 무엇인가?' 385라는 카페 이름 하나에 질문이 꼬리에 꼬리를 물고 이어진다. 다시 초록 검색창에 찾아보니 스트롱 코드란 성경 연구의 편의를 위해서 구약과 신약의 원어, 어근 단어마다 번호 붙여 놓은 것을 말한다고 했다. 아나스파오άνασπάω를 고대 그리스어 사전에서 찾아보니 눅 14:5, 행 11:10에 있는 것으로 '끌어올리다', '당겨 올리다'라는 뜻을 가진다고 나온다. 이제야 385가 가진 의미를 온전히 이해한다. 구약과 신약이 이끄는 삶과는 전혀 다른 삶의 의지를 가진 자이기에 385가 가지는 구조적 의미와 그와 연계된 카페의 숨은 뜻을 나는 바로 깨닫지 못한 거다.

'카페 385 : 삶의 질을 끌어 올려주는 카페.'

나의 주관적인 생각이겠지만 이 카페의 오너는 아마도 카페를 기획하고 오픈하면서 '영도 주민의 삶에 빛과 소금이 되어 주고 싶었던 것은 아니었을까'라는 폭신한 생각에 빠져 본다.

카페 산업이 영도에 뿌리내려 지금처럼 많은 공간이 만들어지기 전, 먼저 용기 내 이곳 영도에 자리 잡은 그에게, 나의 개인적인 감상이지만 작은 박수를 보내 본다. 그리고 이런 따스한 감정과 세상을 구성하는 하나의 지식을 배워 감에 충만함을 느낀다.

복합문화공간 'P.ARK'

재才능과 재財능의 공간

"피아크를 이제 카페라고 부를 수 있을까?"

미지근한 아메리카노를 내려놓으며, 휘낭시에에 포크를 푹 찔러 넣는다. 피아크 내부 3, 4층을 거대한 계단식 좌석으로 관통해 놓은 자리에 앉아 정면으로 보이는 영도 바다의 아름다움에 시선을 빼앗겼다가 다시 시선을 내려 포크로 휘낭시에를 마저 헤집어 놓는다.

'이 좌석이 너무 딱딱해서 불편해.' '이 테이블은 디저트를 먹기 너무 불편해.' '사람이 너무 많아.' 온갖 불평을 머릿속에서 떠올리며 죄 없는 휘낭시에가 가루가 될 때까지 괴롭힌다.

오해가 없도록 말하자면 피아크는 굉장히 넓은 공간에 다양한 스타일의 좌석이 자리하고 있다. 그런데 내가 굳이 이 자리에 앉아 불평을 하고 있는 이유는 개인적으로 피아크 중심을 관통하는 이 계단형 좌석의 4층 계단석이 피아크가 지닌 공간의 아름다움을 가장 잘 볼 수 있는 자리라고 판단해서이다. 이것은 건축가의 분명하고 강제적인 의도다. '여기 앉아 봐라. 여기서 바라보는 영도의 바다가, 그리고 그것을 품고 있는 이 공간이 아름답지 않느냐. 먹고 마시기에만 집중하지 말고 이 아름다움을 눈에 담아라.'가 분명히 느껴진다. 그리고 나는 그 의도를 거스르지 못하고 앉아서 이렇게 불평하며 휘낭시에 화풀이를 하고 있는 것이다. '그래 여기서 보는 이 전경이 무척이나 아름답기는 하다.'

"여기 카페 맞잖아. 아니에요?"

건축가의 분명한 의도 따윈 전혀 전달되지 않는 듯, 나를 따라 좌석에 앉자마자 자신의 핸드폰 속 세계에 한참을 빠져있던 나의 '반려자'가 그제야 고개를 들어 대답한다.

"음, 카페는 맞죠. 근데 내가 생각하기는 그냥 백화점 안에 있는 커피숍 같은 느낌이에요. 오픈 초기에는 그냥 베이커리와 커피가 함께 있는 초대형 커피숍이라고 생각했거든요. 근데 지금 보면, 꼭 백화점 혹은 아울렛에 안에 있는 커피숍 같아. 그러니까 문화가 주가 되고 그 속에 커피와 디저트, 그니까 다과가 있는 느낌. 여기서 팔려고 하는 것이 꼭 커피와 빵이 아닐 수 있다는 생각이 갑자기 들었어."

나는 헤집어 놓던 가여운 휘낭시에를 놓아두고, 다시 한 번 포크를 집어 들어 전장의 무기처럼 허공을 향해 찔렀다.

"저기 봐. 커피를 내리고 있는 바리스타들의 모습. 여기 가장 핵심적인 바다 뷰의 일부에 바리스타들을 집어넣어 전경으로 보게 해놓았어. 꼭 이 자리는 객석이고 저곳은 무대인 것처럼. 그리곤 그들의 움직임을 메인 풍광과 함께 눈을 떼지 말고 감상이라도 하라는 듯이 말야."

숨을 한번 몰아쉰다. 그리고 3층의 전반적인 좌석 배치를 포크로 열심히 찍어가며 설명한다.

"여기 좌석들 배치가 꼭 박물관이나 미술관의 갤러리를 연상하게 해놓았어. 테이블 좌석에 앉아 있는 사람들은 그들이 구매한 다과들을 꼭 예술작품이라도 된 듯 그렇게 놓아두고 감상하도록, 바다보다는 그들이 판매하는 제품에 시선이 머물게 해 놓았어. 그리고 영도의 바다는 이 계단석에 앉아야만 넓게 눈에 담을 수 있도록 말이야. 또 나머지 공간들 좀 봐. 언제든지 전시 기획 할 수 있도록 최소한의 꾸밈으로만 해 놓았어. 공간에는 자신 있다 이거지."

이제 다 차갑게 식어버린 미지근한 아메리카노를 벌컥벌컥 마시며 다시 한 번 더 말을 이어간다,

"그리고 전체를 어반 스타일로 모던함을 추구하면서, 중정과 2층 테라스는 초록을 이용했어. 그렇게 공간의 온도를 올렸지. 따뜻한 공간은 휴식과 여유, 그리고 차별 없는 사고를 갖게 해. 또 그런 감각들을 모아 자연스럽게 바다와 이어지도록 만들어 놓았어. 이 공간에 무엇을 가져다 놓아도 다 소화할 수 있도록."

이 좌석에 착석할 것을 결정할 때부터 느껴지던 짜증을 씻어내고 싶었다.

"여기 클라이언트도, 기획자도, 설계자도 다들 엄청난 사람들이네."

중얼거리는 내 말에서 긴 한숨에 불쾌감이 섞여 내뱉어진다.

"자금력이 있으니까. 돈이 엄청 들어간 것 같잖아. 돈이 중요하지."

지금 내 안에서 맴도는 불쾌함이 그에게는 전혀 전달이 되지 않는다는 듯이, 그것이 자신과 무슨 상관이냐는 듯 여전히 핸드폰에 자신의 시선을 가둔 채 말하는 이 사람. 나란히 앉은 그를 쳐다보다 이윽고 비워 버린 커피잔 안으로 내 시선이 머문다. 커피로 얼룩진 그 속을 보고 있자니 꼭 내 마음속이 이 잔 속처럼 질투로 사정없이 얼룩진 것을 깨닫는다.

돈. 그래 돈이 있어야 이런 어마어마한 사이즈에 건물을 만들어 낼 수 있을 것이다. 그래도 이 질투의 원인은 아마도 이걸 구상한 클라이언트의 안목과 결단력, 그리고 클라이언트가 그린 세계를 최상의 결과로 구현해낸 기획자와 건축가의 재능, 다시 말해 그들의 영혼에 새겨져 있을지도 모르는 그 재능이 부러웠기에, 지금 이 순간 질투에 얼룩져 있다는 것임을 안다.

이건 내 마음이고, 아무튼.

과거 내 기억 속 피아크가 있던 이곳 주변에는 일반인들은 관심 갖고 살피지 않으면 몰랐을 정도로 비슷한 창고형 공장들이 해변 길을 따라 나열되어 있던 곳이다. 영도가 선박 수리를 전문적으로 했던 곳인 만큼 아마도 공장으로 보이던 건물들이 모두 선박 수리 관련 업무를 하던 곳으로 추측된다. 내 기억 속 피아크가 있던 풍경도 그랬다. 피아크가 들어서기 전에는 분명 창고형 공장이 늘어선 주변의 풍광과 비슷한 풍경을 갖추고 있었다.

큰아이가 초등학교에 들어갈 무렵.

함께 사유하며 같이 시간을 보내던 내 영혼의 단짝인 친구가 영도에 좋은 곳이 생겼다며 데리고 간 곳이 있었다. 지금은 없어진 '비토닉'이란 카페로 현재 피아크와 아르떼 뮤지엄, 그리고 레스토랑이 들어서기 전 동일한 사이트에 있던 다른 형태의 카페였다. 기억하기로는 현재의 피아크 부지는 선박 회사의 공터이자 주차장이었고, 아르떼 뮤지엄 부지는 창고형 공장, 그리고 레스토랑이 된 7층 건물은 6층에 비토닉이 자리 잡고 있었다.

'비토닉'을 접한 첫 느낌은 꼭 회사가 직원의 복지 차원에서 만든 카페 같았다. 회사 정문을 통과해야 방문할 수 있는 카페와 카페가 있는 층을 제외하고는 회사의 사무공간으로 사용되는 건물이었기에 '관계자 외 출입금지 구역'에 들어온 것 같은 느낌을 받았다. 이 기분 자체가 이때만 하더라도 굉장히 힙했던 것 같다. 이제 비토닉은 없어졌지만, 주변에 이런 형태의 카페가 영업 중에 있다. 그건 '라운지B'라는 곳이다. 이곳도 굉장히 좋은 곳이니 방문해 보길 바란다.

특이한 형태의 공간, 민트색으로 잡은 톤 앤 매너, 전창을 통해 들어온 푸른 바다, 그리고 곳곳에 과하지 않게 배치된 럭셔리한 소품들과의 조합은 많은 커피숍 중 이곳을 선택한 방문객들에게 힙함을 인정받기 충분한 곳이었다. 이런 힙함은 항상 관광의 바다만 보던 나에게 일하는 바다의 모습을 처음으로 가까이, 또 자세히 보여주었다. 아주 신선하고 유쾌한 콘셉트였다.

비토닉은 그 힙함으로 단번에 핫플레이스가 되었다. 그리고 비토닉은 이내 초대형카페인 지금의 피아크로 재탄생하였다. 피아크의 설립에 관련하며, 제일SR기업(투자자)과 어반플레이스(공간기획)의 이야기는 인터넷을 조금만 찾아보면 비하인드 스토리를 쉽게 찾을 수 있기에 생략한다.

...

전창으로 보이는 하늘에 붉은빛이 돌기에 우리는 서둘러 자리에서 일어났다. 곧 아이들이 집에 도착할 시간이다. 주차장을 빠져나오는데 건물 외부에 크게 적혀있는 문구가 눈에 들어왔다.

'Platform of ark for Creators'

('P'는 platform의 첫 글자, 방주의 뜻을 가진 'ARK'의 합성어=P.ARK)

이곳이 크리에이터들이 모여 새로운 가능성을 열어가는 방주의 역할을 하는 공간임을 이곳을 기획한 이는 이미 이 메시지를 통해 분명하게 밝히고 있었다.

'P.ARK' 모든 창작자를 위한 공간이자 모든 대중이 삶을 즐기기 위해 방문하는 'Park(공원)'인 공간으로 만들었음을 알리는 메시지가 확연히 드러나는 것을 읽으며 건물을 벗어난 나는 어떤 깨달음에 고개를 끄덕였다. 역시 이곳은 단순한 커피숍이 아니었다는 것에 대한 이해, 그리고 영도라는 문화소외지역에 이렇게 거대한 문화 백화점(복합문화공간)을 만든 이에 대한 존경과 그들이 가진 재능과 그 재능을 펼쳐낸 능력의 부러움 등등. 나는 이 공간에 다양한 감정들을 엮으며, 이곳이 부산의 문화의 중심점이 되어 더욱 빛나길 바래본다.

　친구가 주문한 커피 한 모금을 입에 머물고 있다가 나와 눈이 마주치자 건네어 준 말이다. 그녀의 배려. 나 이외의 타인의 소리에 귀 기울여 살아가고 있는 '너 그리고 우리'에게 건넨 배려의 언어였다.

여섯 번째 탐방,

태종대.

오래된 것과 낡은 것, 그리고 새로운 것.

'**푸른색**'에 대한 기억을 뒤적뒤적.

요기조기 구석구석 찾아보면, 저 기억의 아래에서 떠오르는…, 학교 운동회에서 펄럭이는 만국기 뒤로 보이는 가을 냄새 가득한 **푸른 하늘**. 오래전 겨울, 친구들과 떠났던 여행의 길 위에 만난 시린 **파란 바다**. 두근거리는 만남(아기)을 기다리던 봄날 깨달음을 준 태종사의 향내 가득했던 **수국의 파랑**. 그리고 올해 여름에 만난, 커피 한 잔 속에 담겨 있던 깊고 아름다운 부산의 **푸름의 바다**.

각각의 달랐던 '**푸른색**'은 기억을 넘어 추억이 되고, 내 가슴 깊이 남아서 나의 이야기가 되었다.

…

"태종대는 어떤 곳이야?" "오랫동안 변하지 않는 곳요."

"태종대는 어떤 곳이에요?" "관광지죠. 오래된."

지금 이 한쪽의 글을 시작하기 위해, 난 영도 토박이인 탐방 팀장 '려'와 부산 토박이인 내 반려자에게 각각 같은 질문을 던졌었다. 그들의 대답은 달랐다. 태종대를 가까이에서 바라보던 자와 그보다는 조금 먼 곳에서 바라보던 자가 가졌던 시선은 확실히 달랐지만, 그들은 하나의 뜻을 가진 단어를 내 질문에 답하기 위해 사용하고 있었다.

'오랫동안', '오래된'.

나에게도 '태종대는 어떤 곳이야?'라고 묻는다면, 난 부산에서 푸름이 가장 어울리는 장소라고 말할 수 있다. 20대 때 처음 보았던 태종대의 시린 겨울도, 만삭이 되어 방문한 태종대에서 보았던 물오른 봄의 수국도, 아이와 손잡고 걸은 행복했던 태종대 등대에서 바라본 가을의 바다도, 그리고 올해 여름 알게 된 파랑의 커피까지도, 태종대는 나에게 항상 '푸른' 모습만 보여주었기에, 내게 있어 '오래된'이란 단어는 '태종대'의 이름 뒤에 따라오지 않는다.

그들은 왜 나와 달리 '오래된' 이미지로 태종대를 기억하는 걸까? 내가 가지고 있던 그곳의 이미지와 너무 다른 대답들에 궁금증이 밀려왔다.

나와 그들의 차이는 무엇일까? 어떤 보는 관점에서 나는 그들과 시선이 벌어진 걸까?

...

 동아리 활동으로 태종대 인근에 방문했을 때, 영도에는 해무가 자욱하게 내려앉았다. 푸른빛이 아닌 회색으로 덮여있던 이날, 우린 태종대에서부터 감지해변까지 카페들을 탐방하며 정말 많은 이야기를 나누었다.

 대표 '화' 언니는 인근의 옛이야기들을, 팀장 '려'는 태종대에 얽힌 사업들을 말하며 개발에 대해 서로의 의견을 주고받았다. 탐방 활동 때 어김없이 펼쳐지는 두 사람의 토론. 쏟아져 내리고 다시 쌓여만 가는 정보들 속에서 나는 문득 질문이 생겼다.

 '왜 오래된 것, 낡은 것은 부정적인 시선 아래에 두는 것인가? 왜 오래된 것은 개발 선상에서만 생각하는가? 왜 늘 새로운 것이 있어야 하는가? 왜 태종대를 '오래된'이라고 표현하는가?'

 언제나 탐방에서 토론 주제가 되는 '개발'이라는 단어. 그것이 가져오는 효과들과 사라져가는 것에 대해 고민한다. 또한 '오래된 것과 새로운 것 그리고 개발', 과연 이것이 서로 다른 의미일까? 나는 이 활동이 끝나 갈 때쯤에 '이 질문에 대해 스스로 답을 할 수 있을까?'란 생각을 해본다.

카페 '하리컨테이너'

한여름의 바다를 담고 있던 작고 아름다웠던 카페

우리나라의 제품광고 중 오랫동안 통일된 색감으로 브랜드를 광고하는 것들이 있다. 브랜드에 컬러는 매우 중요하지만, 이십여 년이 넘을 동안 그 느낌을 대중에게 지속적으로, 또 식상함을 느끼지 않도록 유지하는 것은 쉬운 일이 아니다.

푸른색과 흰색으로 이미지를 떠올린다면 어떤 브랜드가 떠오르는가? 산토리니 해변의 아름다운 풍광 뒤로 '따라라라 라라라~'라는 배경음악이 들리는 모 회사의 이온음료 광고가 쉽게 떠오를 것이다. 나랑 동년배들과 선배들은 분명 저 이온음료 브랜드가 떠오를 것인데 요즘의 MZ세대라 불리는 이들도 같은지는 확답할 수 없다.

이번에 태종대를 방문하면서 찾은 첫 번째 카페를 보면, 누구나 이 CM송과 제품을 떠올릴 것이다. 그리고 동시에 그 제품 안에서 보이고자 한 이미지들이 연상되며, 카페에 덮어

씌우기가 되는 효과도 함께 말이다.

쨍한 파랑. '푸른'보다는 '파랑'이라는 단어가 더 맞는 표현이란 생각이 들만큼 청량한 파랑. 그리고 그것의 순수함을 따르듯 함께하는 흰색은 이 하리컨테이너의 정체성이 어디에서 오는지 단번에 알 수 있게 만든다.

태종대로 향하는 길. 이 길은 언제나 마을의 종점으로 가는 느낌이다. 어느샌가 곧게 이어진 도로를 따라가다 보면 길이 끝나는 것 같은 위치에 나오는 것이 태종대라서 그런가 보다.

'하리컨테이너' 카페는 도로의 샛길로 빠져 주택가로 들어가야 보인다. 다른 여느 커피숍처럼 도로가에 면해 있어 단번에 찾을 수 있는 위치는 아니다. 우리 팀도 이곳을 찾는데 작은 에피소드가 있을 정도였다. 마을 안쪽, 주민이 거주하는 주택지 안쪽에 자리 잡은 이곳은, 협소한 삼각 대지를 설계자가 아주 현명하고 알뜰히 공간을 살려 올린 건물이다.

조금 더 자세히 보면 죽어있는 대지가 없다. 직각삼각형에 가까운 대지에 가장 작은 각을 향한 면을 오픈된 공용 공지로 사용하였다. 그리고 그곳을 주차공간으로 만들었다. 또한 앞쪽 건물로 인해 죽어버릴 수 있는 1층의 전경을 오히려 적극적으로 이용하여 건물과 카페 사이에 중앙 정원을 만들어 중정의 느낌으로 안정된 개방감을 주었다. 컨테이너 두 동을 기역 자로 배치하였다. 오히려 개방되어 있는 도로면을 막고, 오픈형 주방을 둠으로써 맞은편의 테라스면과 대비를 이뤄 균형 있는 공간감도 갖추었다. 제일 눈에 띄는 곳은 2층으로 올라가는 계단과 2층의 공간이다. 경사진 사이트의 특징을 이용하여 계단으로 올라가는 창을 통해 밖을 바라보면, 주택 한 채가 눈높이에 위치하게 되는데 요것이 굉장히 인상이 깊다. 하리컨테이너와 같은 색상을 가지고 있는 파란 대문에 흰 벽. 의도한 것인지는 모르겠지만 하리컨테이너가 가지는 파랑과 흰색이 창을 통해 보이는 외부의 건물까지 확장되어, 협소한 컨테이너 안의 공간임을 잊게 만들어 버린다. 그리고 계단 램프를 오르고 나면 2층의 공간이 한눈에 들어오는데, 면을 2층의 입구와 전창으로 마주보게 사용함으로써 1점 투시 효과로 컨테이너의 깊이감과 안정된 집중을 더한다. 거기에다가 그 전창으로 들어오는 전경을 바라볼 수 있도록 낮고 넓은 의자를 배치하여 자연스레 고개를 들어 시야가 하늘로 향하게 만들었다. 의도한 대로 자리에 편하게 앉아 전경을 보고 있으면, 꼭 바다 한가운데서 튜브에 올라앉아 파란 하늘을 올려다보고 있다는 착각 속에 빠지게 된다.

...

　이곳은 동아리 활동으로 첫 방문을 한 후, 반려자와 함께 여러 차례 방문하였다. 밝지만 소란스럽지 않고, 주차가 매우 편리했다. 그리고 유독 뜨거웠던 올해 여름의 열기가 이곳에만 오면 이곳의 특유의 분위기와 청량한 색감에 중화되어 사라지는 것 같았다. 하지만 이곳을 자주 찾게 만든 가장 큰 이유는 자리에 앉아 창을 통해 하늘을 볼 때마다 바다에 튜브 하나 띄워 놓고 그 위에서 안한자적安閑自適을 부릴 수 있기 때문이었다. 창밖을 멍하게 바라보는 걸 좋아하는 나에게 이보다 더 좋은 공간이 있을까? 반려는 이러한 취미생활을 '한량짓'이라 명하였다.

　꼭 바다 풍경이 내려다보이는 곳이 아니어도 좋다. 넓은 공간에 멋진 오브제들로 가득 찬 공간이 아니어도 좋다. 특별하지 않아도, 독특하지 않아도, 더운 공간에 시원한 숨 하나 들이키게 만들어 주는 이런 공간이 나는 참으로 좋다. 이것이 나에게 힙한 공간이 아닐까? 나만 알고 싶은 공간. 아무도 몰랐으면 하는 이기적인 마음을 올려 본다.

　혹시 이 글을 읽고 이곳에 방문하는 사람이 있다면, '오션라이프라떼'를 드셔 보시길 추천한다. 맛은 블루 큐라소 시럽이 들어 있어 일반 라떼보다는 단향이 조금 더 올라오지만 크게 달지 않다. 내가 이 음료를 추천하는 이유는 맛 때문이 아니다. 사실 난 조금이라도 단 커피는 커피가 가지는 아찔한 씁쓸함의 정체성을 흐리게 한다고 생각하므로, '이것은 커피가 아니다'라고 외치는 자이다.

이 음료를 살짝 저으면 아래에 깔린 블루 큐라소 시럽과 커피, 그리고 우유가 섞이면서 부산의 아름다운 푸른 바다와 하얀 파도, 그리고 모래 해변이 잔에 담겨 나타나기 때문이다. 하리컨테이너를 닮은 직육면체의 투명한 잔 속에서 서서히 유영하듯 퍼져나가는 '오션라이프라떼'의 모습은 마치 카페의 창을 통해 안으로 하염없이 밀려들어오는 일렁이는 바다의 파도와 그 파도에 한없이 변해가는 부산의 바다 같기에.

바다를 품고 있는 이곳 카페에서 아름다운 부산의 해변을 담은 이 음료를 꼭 마셔보기를 권한다. 그러면 굳이 번잡한 바다에 가지 않아도 당신의 하루에 시원한 파란 숨 하나 불어넣을 수 있을 테니.

일곱 번째 탐방,
청학동 산복도로.

계절들이 자신의 시간에 맞춰 돌아오면, 내 몸은 무섭게도 그들의 도착을 알아차린다.

 불어오는 바람이라든지, 거기에 실려 오는 습기라든지, 공기를 누르는 기온이라든지, 나는 주변의 변화를 섬세하게 인지하지 못하고 무디게 살아가지만, 내 몸은 나와 다르게 계절이 돌아옴에 민감하게 반응하고 대응한다. 그 결과, 내 몸은 모든 조직과 기관의 반응을 이용하여 짜증을, 또 화를 낸다. 바뀌는 계절이 맘에 들지 않는 것처럼 말이다.

...

 7번째 동아리 활동을 위해 청학동 산복도로 인근에 사전 답사를 다녀온 저녁. 방문 장소의 주차가 원활하지 않은 관계로 조금 먼 곳에 겨우 주차를 하고, 비를 맞으며 영도의 낯선 거리를 걸었다. 그렇게 길을 내 발로 걸으며 눈에 담고 머리에 넣으니 그제야 내 불안은 잠잠해졌다. 하지만 그와 반대로 내 몸은 그날 늦은 밤부터 불편함을 호소하기 시작했다. 맞은 비 때문인지, 대서大暑가 지나가고 있어서 그런 것인지는 알 수 없었다.

호소의 시작은 언제나 같다. 목부터 부어오른다. 귀가 아파오면서 열이 나기 시작한다. 열로 인한 오열惡熱과 몸살로 인해 온몸이 화를 낸다. 하루 이틀 링거를 맞으면 웬만하면 누그러들던 몸이 어떻게 된 일인지 이번에는 쉽게 화를 가라앉히지 못했다. 그렇게 사흘을 보내고 7차 동아리 활동 날이 되었다.

올해 7월은 2~3일 빼고 거의 비가 오는 날이었는데, 이날도 어김없이 비가 내렸다. 대서가 지나서인지, 어느 날보다 부쩍 습도까지 높아 불쾌하기 이를 데 없는 날. 해열제를 먹어도 잠시뿐인 몸으로 탐방에 참여할 수 없었기에 일찍 병원을 찾아 작은 영양제를 하나 맞고 서둘러 약속 장소로 향했다.

비 오는 날 영도의 산머리에 걸려 있는 비구름의 신비로운 모습 때문인지, 아니면 열로 인해 이성이 올바르게 작용하지 않은 터인지는 몰라도 이날따라 봉래산 자락 아랫마을들의 모습이 작은 돌덩이가 오밀조밀 모여 이뤄진 소꿉장난같이 보였다. 꼭 봉래산에 기거하는 어떤 귀한 분의 인형집인 것처럼.

조내기 고구마 박물관 & 카페 '선생 조고메'

영도의, 영도에 의한, 영도를 위한 곳

"이번 7차 탐방의 첫 번째 장소로 조내기 고구마 박물관을 갈 예정입니다. 그곳에 영도 고구마 빵을 판매하는 카페도 있으니 박물관과 카페 모두 탐방할거예요. 그리고 그 후엔 신기숲, 아트센트 등 영도의 기억이 간직되어 있는 카페를 방문할 겁니다."

부지런한 우리의 팀장 지시에 따라 도착한 '조내기 고구마 박물관'은 진입이 쉽지 않은 영도에서도 차로 꽤 들어가고, 또 올라가야 만날 수 있는 곳이었다. 많은 박물관을 다니면서 느낀 것이 있다면, '박물관은 접근이 어려워서는 안 된다'는 것이다. 박물관은 누구나 산책하듯 방문할 수 있는 곳에 자리 잡아야 한다. 어려운 한 번의 방문이 중요한 것이 아니라 박물관을 놀이터 가듯 편하게 가야 한다. 그리고 조금씩, 천천히, 여러 번 나누어 보며 공간에서 제공하는 것들을 소화해야 한다. 그래야 그것이 우리의 삶에 자연히 스며들어 기억해야 할 역사나 간직해야 할 의식이 일상의 시간에 자연스레 흐를 수 있게 된다. 절대 외워서는 안 된다. 숨 쉬듯 즐겨야 한다. 물론 일상에 가까운 지대에 공원과 박물관(전시관)을 만든다는 것이 경제적으로나 행정적으로나 쉬운 일은 아닌 것을 알고 있다. 하지만 이런 이유들로 우리가 후대에 물려줘야 할 귀한 문화들이 뒤로 밀려나는 것은 언제나 아쉽다.

"이곳에 조내기 고구마 역사기념관이 세워진 이유는 여러 의견이 있지만, 하지만 그래도 우리나라에 최초로 고구마가 들어와 재배된 곳이기 때문입니다. 분명 안내문에도 나와 있겠지만 1763년에 통신사 정사로 대마도에 간 조엄이 …… (생략) …… 그래서 영도 지역뿐만 아니라 농업사에서도 굉장히 중요한 지역이에요. …… (생략) …… 알겠죠?"

5~6년 전쯤 부산 지역 역사 탐방 목록 중에 이 고구마 박물관이 리스트업 되어 있다는 것이 기억났다. 그때는 이제 막 유물이나 유적지에 관심을 가지며 한국사 자격증을 준비하던 때여서 고구마 박물관에 대해 코웃음 치며 솔직히 조금 하찮게 생각했었다. 그냥 전시행정으로 없는 역사를 억지로 만들어서 박물관을 만든 것이라 생각하며, 그 회차의 탐

방에는 참여하지 않았었다.

'조내기가 마을 이름이구나.'

'아! 영도가 시배지구나.'

'고구마가 우리나라 고유 식물이 아니었구나.'

'아, 기근을 위해 선조들께서 노력한 결과구나. 이런 것이야말로 정말 우리의 삶이 녹아든 역사구나.'

박물관에 직접 방문하여 탐방 팀장의 설명을 듣고 있자니 이런저런 생각에 참으로 부끄러워졌다. 250년 전의 조엄, 이응혁, 강필리 등 우리 선조들의 노력으로 이 땅에 뿌리 내리고 백성들의 배고픔을 달래준 고구마. 그것에 얽힌 이야기를 풀어서 들여다보니 '역사라는 것에는 그 어떠한 것도 하찮은 것은 없다'라는 것을 느끼며 이전의 나를 고개 숙여 반성하게 하였다.

고구마 이야기에 따뜻한 감동을 받아서였을까? 아니면 진통제의 효과 때문이었을까? 별것 없다고 느꼈던 전시물들이 존재감을 발하며 눈에 하나하나 들어왔다. 그것은 단순한 정보의 나열이 아니었다. 관람자가 보다 직접적으로, 그리고 쉽고 지루하지 않게 관람할 수 있도록 다양한 방법(샌드아트, 동화, 퍼즐 맞추기 등)을 이용해 고구마라는 식물의 연대기를 구성해놓은 것이었다. 작은 전시관에 이렇게 많은 이야기를 담아낸 기획자들에게 박수를 보낸다.

2층을 오르면 '선생 조고메' 카페와 요리 체험실, 교육장이 있고, 한층 더에는 루프탑이 있었다. 이날은 비가 오기도 했고 평일 오전이라 그런지 체험실과 교육장에는 수업을 하고 있지 않았지만, 시설은 잘 유지되고 있는 것 같았다. 그래서 주말이 오면 이 공간에는 아이들이 가득하지 않을까 하는 기대감이 들었다. 아니, 꼭 아이들이 이 공간을 잘 이용해 주었으면 하는 바람이다. 이렇게 정성스러운 공간은 찾아주는 이가 없다면, 그것은 보존과 개발 그리고 전달이라는 가치를 지닌 박물관의 존재를 흔드는 것이기 때문이다.

...

"카페 '선생 조고메'에서 '고메'는 방언으로 '고구마'를 일컫기에 쓴 것일 거고, '조'는 조내기의 첫 글자를 성으로 만든 건가?"

재미난 카페 이름을 발견하며, 잠시 혼잣말처럼 '조고메 선생님'하고 소리를 내어 불러 본다. 사투리(방언)를 소리 내어 입 밖으로 내보낼 때마다 묘하게 간질거리는 느낌들이 있다. 꼭 어린아이의 비눗방울 장난 같은 몽글거리면서 키득 키득 웃음이 나는 그런 것. '고메'라는 발음이 꼭 그랬다. 비 오는 여름 날, 컨디션이 좋지 않는 상태로 탐방을 하고 있었지만, 그래도 순간적으로 기분이 들떠 오르는 것은 언어가 가지는 몽글거리는 다정한 힘 덕분이 아닐까?

...

이번에 방문한 카페 '선생 조고메'는 지난 탐방을 통해 만나보았던 카페 중 가장 '영도스러운' 메뉴를 선보이고 있었다. 이미 한차례 유행을 쓸고 지나간 고구마빵, 감자빵 등을 선보이고 있었지만, 고구마가 지닌 정체성을 관람하고 온 터라 마치 이 카페가 고구마빵의 원조인 듯한 효과를 불러일으켰다. 그리고 그렇게 생산해 놓은 디저트를 농수산물 포장상자로 디자인된 패키징에 넣어서 먹는 재미 외에도 보는 재미를 즐길 수 있게 했다. 그래서 다른 이들에게 선물로 주기에도 정말 좋았다.

내부 인테리어 역시 영도의 것을 가져와 꾸며놓았다. 주방 벽면에는 영도의 전경을 라인 드로잉으로 꾸며 놓은 것이며 사실 이 부분은 너무 마음에 들어서 이 책의 표지에 대한 아이디어로 차용하였다. 섬과 고구마를 주제로 한 각종 오브제와

로고까지, 지역을 상품화하는 것에 있어 영도라는 정체성을 놓치지 않은 이 공간의 꾸밈은 영도스러운 재미를 가장 잘 살린 카페가 아닐까라는 생각이 들 정도였다.

물론 아쉬운 점도 있지만 박물관 내 카페가 이 정도 수준이면 충분히 만족스러웠다.

음식도 지역의 굿즈가, 그리고 박물관의 뭣:즈가 될 수 있음을 확실히 보여준 사례가 아닌가 싶다.

이날 선물로 구매한 고구마빵 선물 세트는 굉장히 만족스러웠다. 나이가 여든이 넘으신 어머니도 맛나게 드시며, 고구마가 아닌 고구마에 재미나 하시는 모습에, 그리고 옛 기억을 떠올리며 웃으시는 모습에 오랜만에 가족 모두가 고구마의 달콤함을 함께한 시간이었다.

카페 '신기숲'

존재와의 공존... 미학, 그리고 초록소리 가득 풍기는 멈춤의 공간.

내가 여기에 있음에 나는 너의 길을 막지 않을 것이다.

네가 있음에 나도 있다.

너와 내가 함께 있음에 우리의 의미는 깊고 무거워졌다.

말하지 않아도

그저 너와 나라는 존재만으로 모든 것은 충분하다.

 핸드폰이 상용화되고 그 손바닥만 한 작은 상자가 모두의 일상이 되어 가던 어느 해. 유명 통신사 광고 카피 한 줄이 굉장히 큰 사회 반향을 일으킨 적이 있었다.

또 다른 세상을 만날 땐 잠시 꺼두셔도 좋습니다.

 이 광고가 텔레비전에서 나올 때만 하더라도 핸드폰은 순수하게 전화와 문자를 보내는 용도로 사용하는 시기였다. 지금과는 다른, 제한된 사용처를 가지고 있음에도 불구하고 그때의 우리는 "잠시 꺼두셔도 좋습니다."라는 이 한 줄의 카피가 사람들의 마음을 훔칠 정도로 사람들은 '멈춤', '고요'라는 것에 목말라하고 그리워했다.

그럼 지금의 우리의 모습은 어떠한가? 전화가 주된 용도였던 핸드폰은 더욱 발달하여 인터넷이라는 거대한 세상을 그 속에 품었다. 핸드폰은 이제 전화기로 칭하는 것에 그것의 10%조차도 표현하지 못하는 단어가 되고 말았다. 그리고 몇 해 전부터 AI 기능도 더해지면서, 정말 우리의 손과 눈에서 떼어 낼 수 없는 인류의 주요 발명품이 되어버렸다. 아이들은 이미 뱃속에서부터 폰을 들고 태어난다는 말도 있지 않은가. 이제 디지털 리터러시$^{digital\ literacy}$의 능력은 인류의 기본값이 되어버렸다.

손끝으로 바람을 만지고, 코를 통해 세상의 냄새를 마시며, 온몸에 시간을 끌어당겨 흐름을 느끼는, 자신의 모든 감각이 살아있는 기분을 우리는 하루에 얼마나 느끼며 살고 있을까?

손바닥 위에 펼쳐진 미디어 세상에 우리가 눈과 귀를 통해 세상의 재미를 쫓고 있을 때, 우리의 나머지 감각들은 무엇을 느끼면서 존재하고 있을까?

당신이 소요한 시간 속에서 온몸의 충만한 감각을 느끼길 원한다면, 적어도 앞으로 소개하는 이 공간에서는 잠시 당신의 손바닥 위에 펼쳐진 그 세상을 꺼두 길 권한다.

소개할 곳은 바로 7차 탐방의 두 번째 장소인 '신기숲'이다. 또 다른 세상. '어둠과 고요.' 그리고 '공존'이 함께 하는 공간. 내가 방문하고 느낀 카페 신기숲은 이런 단어들로 구성된 세상이었다. 신기숲의 이야기하자면 신기산업의 이야기를 잠시 가지고 와야 한다. 카페 신기산업과 신기숲은 다른 콘셉트의 형제 카페이기 때문이다.

...

영도에 2016년 겨울 오픈 이후, '영도에 오면 꼭 가봐야 할 곳'에 당당히 이름을 올린 곳이 바로 신기산업이었다. 17년 모 신문사의 경제면에 **'카페 시장의 새바람 신기산업, 영도 관광의 메카로 떠올라!'**라고 장식할 정도로 신기산업의 등장은 오픈 1년도 되지 않아 '힙'을 넘어선 '핫'함으로 대중을 사로잡았다. 관광이나 데이트 장소로 잘 찾지 않는 영도 봉래산 자락의 산복도로 마을을 신기산업이 바꿔 놓은 것이다. 쉽게 찾아갈 수 없는 지리적인 단점에도 불구하고 부산의 바다를 한눈에 담아낼 수 있다는 장점과 카페가 아닌 사무 공간 혹은 전시 공간에 온 듯한 분위기, 그리고 오래된 구식 건물이 나열된 자리에 흰색 컨테이너 박스와 철골구조가 주는 이질적인 전경은 색다른 감성에 '힙'을 추구하는 젊은 여행자들의 취향을 저격하기 충분하였다. 초기 방문자 비율이 영도민 10%, 부산시민 60%, 외부 여행자 30%를 차지했다고 한다.

신기산업처럼 기업과 카페가 공존하거나, 주택 혹은 목욕탕 같은 특정한 목적성을 가진 건물들을 드레스업하여 지역적 특징을 잘 반영해 유니크한 장점을 갖춘 영도의 수많은 커피숍이 만들어지게 된, 그 첫 주자가 바로 이 신기산업이라 생각한다.

신기산업의 전신인 '청룡금속'은 장식용 종과 방울, 정원용품을 판매 수출하는 기업으로 2000년대 초 선대 대표의 사망으로 이성민 대표가 기업을 이어받아 지금의 '신기산업 : 캐릭터 산업'을 이끌고 있다. '신기산업'은 '무민' 캐릭터의 라이센스를 가지고 있는 업체이기도 하다. 그리고 이성민 대표의 동생 이성광씨가 커피를 공부하여 신기산업만의 커피 맛을 만들었다고 한다. 그러나 지금은 카페'신기산업'은 문을 닫고 그 자리에 '미피 카페: 신기'가 문을 열어 영업 중이다.

...

이상한 세상에 빠진 '신기한 숲'.

구)신기산업 자리에서 조금 더 올라가면 이전 신기산업 분점과도 같았던 신기숲이 나온다. 이전의 신기산업이 지속적으로 세계가 확장되는 창조의 공간이란 느낌이었다면, 신기숲은 휴식과 여유를 위한 잠시 멈춤의 공간이다. 상반된 분위기의 카페가 주는 미묘한 밸런스가 참으로 좋았던 공간이었는데 지금은 신기산업의 모습을 볼 수 없어 아쉬움이 남는다.

신기숲의 대지는 숲이 건물을 감싸 안은 형태이다. 신기숲 이전 공간이 '산새소리 유치원'이라고 하니 이름과 얼마나 잘 어울리는 공간이었을지 상상이 된다. 이전 유치원이었을 때에는 온종일 꽃처럼 방울방울 피어나는 아이들의 종알거리는 말소리와 웃음소리가 건물을 감싸 안은 숲과 대지 위에 가득했을 것이다. 그러나 지금은 아이러니하게도 신기숲은 그런 아이들이 방문할 수 없는 '노키즈존'이 되었다. 아이들을 위한 웃음과 활기, 그리고 성장이 가득했던 공간이 어른들을 위한 고요와 침묵 그리고 멈춤의 공간으로 바뀐 것이다. 어른들이 필요한 공간과 아이들이 필요한 공간이 서로 다르다는 점이 참으로 아이러니하다.

신기숲의 외관은 이전 유치원의 형태에서 크게 변경하지 않은 형태다. 흰색에 가까운 아이보리의 내·외벽과 오크색 나무 오브제들을 이용하여 보는 이들에게 따사로움과 안정을 주고, 종극에는 평온으로 이끈다.

신기숲은 입구에서부터 특별한 점이 있다. 바로 스윙도어를 사용한 것이다. 지금은 특색 있는 장소에서 자주 보이는 요소이지만 신기숲이 처음 오픈했을 때, 이 문을 여는 방법을 몰라 들어가지 못한다거나, 아예 눈앞의 입구를 알아보지 못하고 헤매는 에피소드들이 있었다고 한다. 웃음이 나는 것과 동시에 '문'이라는 관념의 한계를 넘게 해준 요소라 생각한다. 문을 열고 들어가면, 내부는 정말 우리가 생각하는 일상의 카페와는 전혀 다른 공간을 맞이하게 된다. 함께 방문한 적이 있는 친구는 이곳을 '인문학적 철학이 넘쳐나는 공간, 그리고 성찰을 위한 장소'라고 표현했을 만큼, 이곳은 타인과의 유대를 나누는 공간이 아니다. 오히려 혼자 조용히 책을 읽는다거나, 각자의 손에서 떨어지지 않는 핸드폰을 잠시 내려놓고 창을 바라보며 나를 느끼게 만드는 곳이다. 그리고 나에겐 창을 보고 사유한다는 것은 언제나 나를 충만하게 만드는 즐거운 일이다. 내부의 채도와 명도를 낮추어 창으로 들어오는 초록의 세계를 완벽하게 안으로 끌어당기고 있기도 하다. 그리고 의도적으로 건물의 설비 시설이 있었을 듯한 자리들을 이용해 외부의 식물(대나무)을 안으로 뻗어 자라는 듯 구성하여, 벽이 가지고 있는 단절의 요소와 유리가 가지고 있는 연결의 요소로 단호한 경계를 재미나게 허물어트리고 있다.

…

"나한테 신경 쓰지 않아도 괜찮아."

이곳을 함께 방문했던 친구가 주문한 커피 한 모금을 입에 머물고 있다가 나와 눈이 마주치자 건네어 준 말이다. 그녀의 배려. 나 이외의 타인의 소리에 귀 기울여 살아가고 있는 '너 그리고 우리'에게 건넨 배려의 언어였다. 그러한 배려는 '신기숲'이 주는 '신기한' 공간에 어우러져 내 안에 잃어버린 나의 소리를 들을 수 있는 여유와 고요 그리고 멈춤을 찾는 시간이 되었다. 당신도 이곳에서 그럴 수 있기를 바란다.

여덟 번째 탐방,

　　　　　　　　　중리해변.

공간이 삶이라면, 이곳은 잠시 머물러 나를 다스릴 순간을 내어주는 찰나다. 바쁘게 걸어 부어오른 다리를 편하게 뻗고, 넘쳐나는 세상을 담아내느라 지친 눈을 잠시 감는다. 타인으로 향해 열려있던 경청을 나에게로 돌리고, 숨을 깊게 들어 마신다. 그리고 멈춘다. 쿵쾅거리는 심장 소리가 점점 나에게 가까워지고, 손끝까지 저려오는 그 순간, 토해내듯 숨을 내어내고 눈을 뜬다. 그러면 나는 지금까지의 나를 잊어버리고 새로운 삶의 순간을 마주 보게 된다.

방문자가 지닌 찰나일 수 있는 순간을 따뜻하게 맞이해주는 공간. 나는 영도 8번째 탐방에서 그런 공간을 또 한 번 마주했다.

...

"아! 이번 우리 탐방에 동아리 피디가 동행한대, 다들 시간 어떻게 되나요?"

카카오톡을 이용하여, 다음 탐방에 관한 이야기를 나누고 있을 때, 올라온 대표 '화'언니의 공지에, 순간 나는 '덜컹' 소리를 내며 실제로 소리가 나지는 않았으나 분명 내 안에서는 저 소리가 들렸다. 온몸이 고장 난다. 반상회 때 뵈어서 알던 분이고, 언제 한번은 동행해야 한다는 걸 인지하고 있었지만, 나의 I적 성향은 언제나처럼 익숙하지 못한 것에 대해 **'불안'**이란 녀석의 고개를 들게 한다. 얼마 전, 가족들과 함께 보았던 영화 '인사이드 아웃 2'에서 새로이 등장한 감정 중 하나인 '불안이'가 내 머릿속에서 왔다 갔다 하며, 정신없이 감정 통제 버튼을 눌러댄다. '불안이'가 깨어나 움직이기 시작하자 **'회피'**하고 싶은 마음에 손가락이 저절로 움직인다.

"어~ 저는 이번 탐방, 결석하면 안 되나요?"

"어 안돼.", "안돼요."

대표 '화' 언니와 탐방 팀장 '려'의 한마디에 내 바람은 무참히 꺾여 버린다. 동아리 내에서 힘이 없는 나는 내 안의 '불안이'를 억지로 누를 수밖에 없다.

...

"이번에 저희가 탐방할 곳은 '해녀문화전시관'과 카페 '리케이온'입니다. 태종대에서 다음 탐방인 흰여울문화마을을 잇는 곳이기도 하고 … (생략) … 이렇게 볼 거예요."

8월의 부산. 입추立秋(양력 8월 7일)가 지난 지, 일주일이 됨에도 불구하고 8월의 부산은 가을의 흔적이 조금도 없었다. 내리쬐는 태양에 대지도, 바다도 그리고 그 위에 존재하는 모든 것들까지도 지쳐가는 날이 이어지고 있었다. 이런 날 탐방을 위해 모인 팀원들과 게스트로 방문한 PD님은 '영도하늘전망대' 앞 공영주차장에 모였다. 그리고 '영도관광안내지도'를 보며, 오늘 탐방에 대해 브리핑을 하는 탐방 팀장을 바라보고 있었다. 열심히 설명은 하고 있는데, 나는 그냥 바라보고 있었다.

'너무 더워서 무슨 말을 하고 있는지 모르겠다.'

'제발 이동했으면 좋겠다.'

'왜 이렇게 더운데 땡볕에 서서 설명하고 있는 거야!!!'

내 머릿속 '까칠이'가 더운 날이 이기지 못하고 제 목소리를 드러낸다. 탐방에 동행한 PD님을 보며, 내 안의 '불안이'가 다시 깨어나기는 했지만, PD님 나름의 편한 분위기와 '불안이'조차 지쳐 버리게 만드는 날씨로 인해 '도망'이라는 방법을 사용하지 않고, 무사히 탐방을 이어갈 수 있었다.

영도해녀문화전시관

벗과 바다의 이야기

'부산 영도구 중리남로 2-36'

내비게이션으로 위치를 확인한 후 입을 벌려 에어컨의 바람을 가득 베어 물었다. 시원한 바람이 입안 사이사이를 비집고 들어오다 목젖에 도착하자, 내 체온과 급격히 섞여간다. 조금 전에 느낀 짜증들이 베어 문 바람에 수그러지는 것 같음을 느꼈다. 천천히 핸들을 돌렸다. 절영로에서 보이는 영도의 바다를 조수석에 앉히고, 서서히 감지해변 방면으로 이동하니, '중리맛집거리'와 '영도해녀문화전시관'의 간판이 나란히 서 있는 것을 발견할 수 있었다. 그 간판과 내비의 안내에 따라 영도해녀촌(옛 중리상가횟집촌)으로 들어서니, 그 길의 막다른 곳에 깨끗하게 지어진 건물 하나가 바다와 마주보고 서 있었다.

차에 내려 건물을 올려 보았다. 도로의 레벨보다 조금 높은 곳에 지어진 건물이라 주차된 도로면에서는 1층의 안쪽이 보이지 않았지만, 시끌스러운 소리를 들으니, 평일인데도 꽤 많은 방문객이 전시관 1층에 모여 있는 것 같았다.

'역시 부산의 여름은 평일과 주말을 가리지 않고 바다가 보이는 곳이라면 사람이 너무 많아.'

온몸을 짓눌러 버리는 열기와 보이지 않는 1층의 관람객의 웅성거림에 발걸음을 주저하니 앞장서 도착한 팀원들과 게스트 PD님이 뒤돌아 본다. 전시관 입구에 서있는 골각지를 손에 야무지게 쥔 젊은 해녀 동상과 앞서 나를 기다리고 있던 동료들이 한 시야에 담겼다. 바다를 닮은 여름의 푸른 하늘이 함께 내 눈에서 어우러져 혼자가 아닌 함께여서 가질 수 있는 복숭아 젤리 같은 말랑한 순간을 연출해 낸다. 항상 박물관과 전시관을 혼자 관람하기를 즐기는 나에게는 흔히 접할 수 없는 장면이기에 더 말랑했는지도 모르겠다.

계단을 하나씩 오르며 1층에 가까워지니 방문객들의 대화가 들여왔다.

"누나, 외국 관광객이 왔나 봐요. 사진 찍을 때 조심해야 할 듯해요."

검은 머리, 검은 눈, 우리와 비슷한 피부색을 지니고 있지만 어딘지 모르게 다른 듯한 모습. 그들이 쓰는 언어를 듣고서야 다른 나라에서 온 손님인 것을 알아차렸다. 건물 안에 한국인은 우리뿐 인듯했다.

사실 이곳에 들어설 때부터 어딘가 이상하다는 생각이 들었다. 나는 그것이 다른 언어에서 느껴지는 낯선 것에 대한 감정 때문인 줄 알았다. 하지만 곧 나는 전혀 다른 것에서 이질감을 느끼고 있음을 깨달았다.

"어? 근데 여기가 전시관이야?"

분명 '해녀문화전시관'이라는 명패가 있으니 여기가 전시관인 것은 분명했지만, 머릿속에 떠올려지는 보통의 전시관과는 다른 모습에 당혹감이 몰려왔다.

"네, 여기 1층은 해녀 수산물 판매장이에요. 2층부터가 전시관인데…."

이곳에 대한 팀장의 설명을 뒤로하고, 건물을 쭉 둘러보았다. 아름다운 풍광을 마주한 대지 위에 올라선 건물은 외형적으로 볼 때 문제가 되지 않았다. 문제는 1층 곳곳에 붙어있는 모 주류 브랜드의 광고 포스터들과 외부에 쌓여있는 각종 식자재들이었다. 또 2층 전시관으로 올라가는 길목에

벽 전시물을 가리는 쓰레기 같아 보이는 것들을 보며 실망스러운 감정이 드는 것은 어쩔 수 없는 것이다. 이질감과 당혹감은 분명 이것들 때문이다.

이것은 지난 탐방에서 보았던 '조내기고구마역사기념관'의 공간 운영과는 상반된 모습이었다.

조금 전만 하더라도 난 전시관에 대한 기대감이 있었다. 전시관으로 향하는 길목에서 보았던 타일로 구성된 거대한 벽화 덕분이었다. 타일에는 귀여운 해녀들의 모습이 담겨져 있어 전시관으로 향하는 마음을 들뜨게 했다. 하지만 기대감은 제대로 관리되지 못한 전시관의 모습에 의해 실망감으로 바뀌고 말았다. 2층의 전시관으로 향하는 계단 하나하나를 무거운 마음으로 오른 것은 이런 실망감이 주는 무게가 더해졌기 때문일 것이다.

탐방 이후에 블로거의 방문 후기나 전시관에 얽힌 기록들을 살펴보니, 해녀문화전시관이 들어서기 이전에는 좌판을 깔고 해산물과 주류를 판매하기 위한 호객행위들로 지금보다 더 불편한 시선들이 있었다고 했다. 오히려 전시관이 만들어지고 1층에 판매장이 들어서면서 호객행위가 사라지고, 주변 환경도 정비되어 이곳을 방문하기 편해졌다는 긍정적인 시선들로 바뀌었다고 했다.

다른 곳에서 흔하게 볼 수 있는 전시관의 형태가 아니었지만, 이곳 해녀문화전시관은 **오래된 것이 개발로 정비된 형태였던 것이다**. 하지만 아무리 이전보다 더 편리해졌다고 할지라도 이곳의 이전 모습을 알지 못하는 이방인의 입장에서는 그리고 박물관과 전시관을 좋아하는 개인으로서는 지금보다 더 관리가 잘 되었으면 하는 아쉬움은 여전히 남았다.

2층 전시관의 문을 열고 들어서니 아기자기하게 꾸며진 전시 공간들이 한눈에 들어왔다.

입구의 우측에는 정사각형 전창으로 영도의 바다가 전시장 안으로 뻗어 들어오고 있었다. 바다에 비치는 눈부신 윤슬들이 전시장 안에서도 아름답게 부서지고 있었다.

다른 한켠에는 해녀들의 유래, 해녀들의 삶에 대한 이야기와 그들이 사용했던 장비들에 대한 이야기들이 방문객을 기다리고 있었다.

전시관 내부는 작았지만 들어 있는 이야기는 결코 작지 않았다. 해녀들에 대한 이야기로 가득 차 있는 전시관을 둘러보며 영도 해녀에 대해 알아갈 때쯤, 단 한 줄의 글과 흑

백의 사진에서 걸음이 멈춰졌다.

'벗이 있어 바다가 있어, 물질을 한다.'

흑백사진 속의 작은 배 위에는 물질을 준비하는 해녀들이 각자만의 삶의 표정으로 카메라를 응시하고 있었다. 사진에 담긴 그녀들의 표정과 이미 멈춰버린 사진임에도 느껴지는 그녀들의 생동감 넘치는 몸짓에서 첫 번째 탐방 중 깡깡이 예술마을에서 보았던 벽화 '우리들의 어머니'가 떠올랐다.

'왜 그랬을까.'

아무리 시간이 흐르고 세대가 바뀌어도, 누가 그것을 표현하더라도, 우리의 마음속에 새겨져 있는 어머니의 모습은 같은 것인가 보다. 표정과 몸짓에서 전해지는 그리움은 모두가 다르게 느끼지 않는 것일 테니 말이다.

기대가 실망으로, 실망이 그리움으로 변했다.

전시관 내부를 가득 채운 여러 이야기에서 누군가가 지나온 삶의 흔적을 보았다. 치열했을, 버거웠을, 힘겨웠을 그 이야기를 나는 마음에 담았다.

영도 바다가, 그리움 가득한 내음들이 거대한 창으로 밀려들어왔다. 그러자 전시관 내부가 일렁이는 물결의 그림자를 바다 저 아래로 끌고 들어간다.

카페 '리케이온'

누군가의 꿈, 그리고 누군가에겐 다정한 응원의 공간.

"주차는 어디 해야 하니?"

"아! 누나가 편한 곳에 하시면 됩니다."

탐방 중 항상 나의 우문에 답하는 우리 팀에서 스마트함을 담당하는 팀장의 말에 나는 매번 같이 한숨을 내쉬었다.

"하… 정말….''

8회차에 걸친 공식 탐방과 더불어 개인 취재 형태로 한 주에 적어도 2번 이상 영도에 방문하면서 가장 힘들었던 것이 있다면 바로 주차 문제이다. 8차 탐방에서 두 번째로 방문한 '리케이온'처럼 기존 주택을 개조해서 만든 카페나 전시 공간이면 여지없이 발생하는 주차 문제. 물론 영도만이 가지고 있는 문제는 아니다. 한국전쟁은 수많은 사람들을 남으로, 또 산으로 오르게 했다. 그렇게 해서라도 그들은 살아야 했다. 그런 역사로 인해 부산은 창원과 달리 모든 것이 얼기설기 엮여 있다. 특히 영도구, 중구, 동구는 부산의 그 어느 지역보다 더 많은 것들이 얽혀있다.

얽히고설킨 집들과 도로 만큼이나 많은 삶이 그곳에서 이야기를 만들어 냈다. 시간이 흐름에 따라 그 많은 이야기가 사라졌고, 사라지고 있고, 사라져 갈 것이다. 여기에 대해 생각하고 있자니, 이민진 작가의 소설을 원작으로 한 드라마 '파칭코'에서 주인공 '선자'가 나고 자란 드라마 속 '영도'의 모습이 떠올랐다. 지금은 이렇게 조용한 골목이지만 이전 시대를 살았던 이들에게는 치열한 삶의 터전이었을 곳이리라. 잊어버리고 지워져 버린 그들의 이야기에 안타까움과 슬픔이 밀려왔다.

'나의 이야기도 언젠가는 사라지겠지.'

...

두 번째 탐방 장소로 이동한 곳은 '리케이온'이었다. 주택지 안에 있어 더욱더 주차가 어려웠던 곳으로 붉은 벽돌집의 벽면과 정원에 넝쿨과 이름 모를 각종 식물들이 건물의 스케일을 짐작하기 어려울 정도로 빼곡하게 자리 잡고 있었다. 다른 세계에 있는 숲속에 자리 잡은 마법사의 집이 꼭 이런 모습이지 않을까. 유니콘의 형상을 한 로고가 새겨진 리케이온의 간판이 한층 더 신비로운 분위기를 더했다.

'리케이온'은 아리스토텔레스의 소요학파가 지은 학교의 이름으로 고대 아테네의 숲속에 있던 공공 모임 장소였다. 이름은 그들의 수호신인 아폴론의 별칭인 리케이오스^{Lykeos}에서 따온 것이라고 한다. '리케이온'의 숲속을 거닐고 강의를 하던 아리스토텔레스의 모습도 어느 지식인의 블로그를 읽으며 알게 되었다.

숲속을 거닐며 강의를 했던 고대 그리스 철학자들이 느낀 깨달음의 순간을 재현한 것인지는 모르겠으나, 매우 짧지만 인상 깊은 카페의 오솔길에 한발씩 내딛다 보면 리케이온 내부로 향하는 작은 문을 만나게 된다. 그리고 문을 열고 들어서는 순간, 사색과 사유를 위한 어느 철학자의 공간을 마주하게 된다.

'신기숲'과 닮았지만 같다고는 할 수 없는 모습. 신기숲이 창을 통해 숲을 공간 안으로 끌어당긴 것이라면, 리케이온은 창을 통해 카페 자체를 감싸 안은 정원을 바라보고 느끼는 곳이었다. 그래서 신기숲이 숲이 가진 고요와 침묵을 나만이 바라보고 느낄 수 있게 하는 공간이었다면, 리케이온은 사유와 탐구, 다음 한 발자국을 위해 나를 다듬어 갈 수 있는 안식의 공간이었다.

내부에서 정원이 보이는 2개의 창을 지나 안쪽의 공간을 찾아 들어가면 비밀의 정원에 숨겨져 있는 듯한 서재가 나온다. 탐방 팀장이 '북카페'로 소개한 이유도 아마 이 서재 때문일 것이다. 직육면체 공간에 마주보는 창에는 정원이 보이고, 나머지 긴 두 면에는 책장이 천장까지 자라나, 책으로 가득 메워진 '숲 속 마법사의 은밀한 책장' 같은 공간을 보여준다.

'테이블 위에 노트북이나 전자기기 사용을 제한합니다.'

라는 안내문에 여러 생각이 들었지만, 조금 더 깊게 생각하니 미디어의 제한이 주인장의 배려로 느껴졌다. '제한'을 다정한 '제안'으로 받아들이자. 나를 다스리는 시간을 한 차례 가지니 나와 함께 이곳을 방문한 팀원들에게 집중할 수 있게 되었다. 그러자 그들의 이야기 속에서 우리 팀의 처음과 지금까지 온 약 1년간의 시간이 회상되었다.

'리케이온'과 같은 공간들을 찾아다니며 매달 책 한 권을 놓고 가볍고 얕게 혹은 무겁고 깊게 토론하던 독서모임의 멤버들. 그들 중 서로 마음이 맞는 사람들이 모여 '더:하다'라는 비영리단체를 만들어 여기까지 온 것. 그리고 한 자리에서 멈추지 않고 한발 더 나아갈 수 있는 기회를 만들기 위해 서로 탐구하고 정보를 나누는 것. 또 함께 도전하기 위해 이 자리에서 열심히 토론하고 있는 우리가 참으로 멋있다는 생각이 들었다. 오늘 게스트로 참석한 PD님에게 우리들의 토론하는 모습이 좋게 기억되길 바란다.

어느 책에서 삶을 이해하기 위해서는 '정원을 가꾸라'는 조언을 읽었던 것이 생각났다. 그리고 매일 정성 어린 손길로 카페를 포근히 감싸 안고 있는 정원 속의 식물들을 가꾸는 사장님의 모습도 상상해 보았다. 매일매일 달라지는 모습과 여물어 가는 꽃의 향기를 따스한 눈길로 바라보았을 그분의 표정을 상상하니 나는 왜 많은 철학자와 작가가 삶을 이야기하기 위해 '정원을 가꾸라'고 했는지 어렴풋이 이해할 수 있었다.

지금 당장 내가 직접 하나하나 가꾸는 기쁨을 느끼지 못하겠지만, 누군가의 섬세한 손길, 따뜻한 애정으로 가꿔진 이 정원을 보는 것만으로도 내 안이 채워짐을 느꼈다.

이 카페를 방문하는 모든 이가 마음속에 무언가를 가지고 돌아갈 수 있다면, 이곳을 가득 메우고 있는 정원의 식물들의 존재 가치가 더욱더 뚜렷해지는 것이 아닐까. 자라듯 쌓여 있는 책들과 우리에게 무언가를 던지는 듯 존재하는 정원은 이곳을 가꾼 이의 노력이 빚어낸 찬란한 결과일 것이다. 갑자기 일면식 하나 없는 사장님에게 응원을 받은 것 같아 미소가 지어졌다.

...

"동아리 활동을 하면서 가장 인상이 깊었던 카페는 어디셨어요?"

9월 가을밤의 마지막 금요일. '영도연'이라는 동아리에서 우리 팀을 취재하던 중 받은 질문 중 하나였다.

"리케이온." "리케이온요."

내 생각과 거의 동시에 나온 팀원들의 대답에 나도 모르게 미소가 지어졌다. 한 장소에서 같은 무언가를 받았다는 점이 무척 좋았다.

"마지막으로 질문할게요. 앞으로 이 동아리는 어떤 동아리일 것 같나요?"

'리케이온에서 받았던 응원을 누군가에서 전할 수 있는 그런 공간을 운영하는 동아리요.'

미처 하지 못한 나의 이 대답을 전할 수 있는 날이 오길.

아홉 번째 탐방,

                흰여울문화마을.

순간, 대지에 위로 어떤 이야기들이 있거나 사라졌거나 하는 것은 중요하지 않았다. 내가 바라보고 있는 이 순간이 아름답고, 그 아름다움이 어떤 것보다 소중함을 명징하게 드러내 주고 있었기에.

푸르고 찬란했던 바다는 고요히 가라앉았고, 청명했던 하늘은 아름다운 색을 곱게 단장하더니 이윽고 밤을 맞이했다. 그들이 나눌 밤의 시간이 더욱더 짙어 지고 있었다.

...

9월의 탐방은 아홉 번째 탐방이자, 마지막 장소이다.

'흰여울문화마을'

"누나는 어디에 가보고 싶어요?"

"음… 나는 흰여울문화마을을 가본 적이 없어서 뭐가 있는지 모르겠는데. 인스타에서 씨씨위드북이란 곳을 봤는데 거기에 가봤으면 좋겠어."

거의 마무리 단계에 들어선 동아리 활동에서 우리가 최종적으로 만들어야 할 3권의 책인 에세이, 포토북 그리고 보고서에 대해 고민을 하던 때였다. 물론 글은 꾸준히 적어 나가고 있었지만, 셋 중에서 글을 읽어 내리는 것도, 글을 적어 내리는 것도 가장 미숙하다고 여겼기에 책을 만들어야 하는 긴장감으로 책에 대한 관심도가 그 어느 때보다도 높았던 시기였다. 그래서 탐방 장소에 대해 질문을 받았을 때, 다른 탐방 때는 하지 않았던 장소 추천이라는 것을 했었다. 한 권의 책을 내야 한다는 것에 스스로 부담을 느끼고 있었기 때문이라 생각한다.

흰여울문화마을에는 너□□□□□□□□무도 많이, 카페가 영업 중이기에 장소 선정에 있어 많은 고민을 하였을 탐방 팀장의 부담감도 충분히 이해할 수 있었다. 항상 선결정 후보고의 절차를 따르고 있었기에 갑자기 물어본 장소 추천에 놀라지 않을 수 없었다.

...

9월. 이미 가을에 들어섰지만, 여전히 여름 한가운데를 달리고 있는 것 같은 더위를 맞으며, 9차 탐방이 시작됐다.

좁은 폭에 기다랗게 이어진 흰여울문화마을의 길. 절벽에 가까운 대지 위로 좁고 복잡한 길이 누군가의 발길이 닿았던 곳곳을 연결하고, 생을 위해 축을 올려 다진 토대 위로 특별한 레벨들을 자랑하며 자리 잡은 건물들이 있었다. 한국의 산토리니라는 말이 무색할 만큼 화려하고 아름다운 바다가 거침없이 눈을 점령했다. 차로 이동하며 여러 순간을 지나쳤지만, 항상 도로변 건물들에 가려 흰여울문화마을 너머의 바다를 보지 못했었다. 그래서 그 바다가 가지고 있는 아름다움을 알지 못했던 이방인인 나는 이곳이 왜 그렇게 많은 사람의 발길을 이끌어냈는지, 직접 대지를 밟고 공간을 눈에 담은 후에야 이해할 수 있었다.

...

"아, 이래서 가장 마지막 탐방으로 잡은 건데 아직 덥네요. 누나들은 괜찮으시겠어요?"

가을 하늘처럼 높고 푸르른 하늘 아래 그렇지 못한 기온은 흰여울문화마을의 시작점에 선 우리에게 커다란 장애물과 같았다. 누나들을 걱정스럽게 바라보던 팀장은 변명하듯, 또 날씨는 자신의 잘못이 아니라고 하소연하듯 말을 건네었다. 예민한 누나들의 짜증을 미리 차단하고자 하는 그의 퍼포먼스를 보니 조금은 미안한 마음과 그래도 지금까지 잘 이끌어온 점에 대견함이 느껴졌다.

"우리가 갈 곳은 '손목서가', '씨씨위드북' 그리고. '여울책장'입니다."

휴대폰에서 네이버 지도를 열어 팀장이 말했던 곳들을 빠르게 길찾기로 설정했다.

그리고선 우리는 가을하늘 아래 한여름의 기운을 가진 이곳 흰여울문화마을을 탐방하기 시작했다.

...

"어? 여기 오늘 대관행사로 못 들어가는 것 같은데."

첫 번째 탐방 장소인 '씨씨위드북'은 금일 '워크 스페이스' 대관 행사로 입장이 불가하다는 문구가 안내판에 공지되어 있었다. 첫 번째 탐방 장소는 실패!

...

"엥! 누나들 여기는 8월에 영업중지했다는데요."

두 번째 탐방 장소인 '손목서가'는 영업중지로 실패!!

...

탐방 장소에 대한 충분한 정보를 자세히 확인하지 못했기 때문일까? 이날 계획했던 세 곳 중 두 곳에서 걸음을 물려야 했다. 계획대로라면 이미 시원한 카페에 앉아 격렬한 토론과 수다를 2차로 하고 있어야 하는 시간에 우리는 좁고

가파른 골목길을 걸으며, 한낮 여름의 열기에 점점 지쳐가고 있었다.

"손목서가의 영업중지는 좀 충격적이네요. 이제 문화마을의 모습을 찾아보기가 더 어려워졌어요."

'려'의 이야기에 지금과는 달랐던 초창기 이곳의 모습을 상상해 본다. 많은 예술작가가 모여 이룬 마을. 그들의 상상력을 펼쳤을 예술의 세계에 지원의 중지와 자본의 침범은 그들이 구축한 세계를 순식간에 무너트리기에 충분했다. 그러나 이것이 과연 충격적인 일인가?

"여기는 관광지로서 쓰레기통이에요. 저는 이곳에 살고 있는 주민이잖아요. 주말만 되면 길이 꽉 막혀서 어디로 나가지도 못하고 아주 불편해 죽겠어요. 이 좁은 곳에 온갖 욕망이 그득그득 들어차 있으니 이게 쓰레기통 아님 뭐래요. 이전에는 문화마을이란 정체성이라도 있었지, 지금은 그냥 흔한 관광지에요."

마주 오는 외국인 관광객을 피해, '화' 언니를 선두로 '려' 그리고 나는 기차놀이하듯 서로 간격을 두고 걷기 시작했다. 오래된 복도식 아파트의 복도 같은 공간. 나는 그 길에서 만나는 모든 공간에 고개를 들이민다. 시선을 던진다. 그리고 호기심이 눈에 가득 올라 팀원들의 대화에서 잠시 떨어져 나와 내 시야에 잡힌 모든 것에 집중한다. 아직 남아 있는 작은 공방들과 진열된 작품들 그리고 작업 공간의 주인공들이 내뿜고 있는 기운을 카메라의 프레임 안으로 담아낸다. 아니, 나는 그들의 모습을 훔쳐내고 있었다. 순간, 공간 안쪽에 있는 사람과 눈이 마주쳤다. 그러자 기억 속에 넣어둔 안내 문구가 떠올랐다.

'주민이 거주하는 개인 주택입니다. 문을 열거나 사진을 찍지 마세요. 정숙해 주세요.'

당황과 부끄러움, 그 중간의 어딘가에 있던 나는 다급히 시선을 거두었다. 그리고 내가 한눈을 파는 사이 앞서 걸어가고 있는 팀원들을 향해 빠르게 뛰어갔다.

차오르는 숨을 가다듬으며, 다시 팀원들의 대화에 집중했다. 여전히 이어지고 있던 대화에서 나는 생각했다.

'지금처럼 카페나 방문객이 구경하고 구매를 할 수 있는 판매점이 없고, 이전처럼 예술의 세계를 만들어 내는 공간만 있었다면, 우리는 이 길을 지금처럼 걸을 수 있었을까?'

나는 이미 여러 지역을 다니면서 누군가의 작업 공간 혹은 삶의 공간을 관광지로 개발하였을 경우에 발생하는 문제점을 충분히 겪어 보았다. 북촌 한옥마을을 관광할 때도, 감천문화마을을 관람할 때도, 첫 탐방을 갔던 깡깡이예술마을을 방문할 때도 나는 아니, 그곳을 구경하기 위해 모인 방문객들 모두 그 공간의 침입자라는 불편함을 느꼈을 것이다. 누군가의 삶과 생활의 터전이었기에. 나와 같은 이방인에게는 두 팔 벌려 환영해 주는 상업적 공간이 오히려 공간을 편하게 즐길 수 있게 해주었다.

'려'가 말한 예술인들이 모두 떠나버렸다는 사실에, 나 역시 안타까움을 가지고는 있다. 하지만 예술인이 모인 마을을 관광지로 개발하기로 했다면, 이곳에 모인 예술인들도 누군가를 받아들일 준비를 하고, 그런 공간을 그들이 자발적으로 만들어야 했다고 생각한다. 변해가는 흰여울문화마을에서 그들은 변화를 따라가지 못하였기에 자연스럽게 도태된 것이고, 떠나게 된 것이다. 이것이 '려'의 말처럼 과연 그렇게나 안타까워할 일인가? 그들 역시 개발이라는 이름 위로 자리 잡은 존재들이 아니었던가.

동아리 탐방의 횟수가 점점 더해지면서 더욱 뚜렷해지는 질문 하나가 나의 길을 막고 묻는다.

'어떤 이들의 이야기를 남기고, 어떤 이들의 이야기를 지울 것인가? 그리고 우리는 그것을 판단할 자격이 있는가?'

나는 나를 가로막은 질문에 대답하지 못한 채 마지막 탐방 장소인 '여울책장'에 도착하였다.

예술은 욕망의 발현이다,

그렇다면 흰여울문화마을이야말로 예술적이지 않은가?

카페 '여울책장'

누구나 언제든지 환영해요. 편히 쉬다 가세요.

 흰여울문화마을의 길을 걷다 보면, 길이 끝날 때쯤에서 봄날의 개나리 같은 노오란 색으로 단장한 담장을 만나게 된다. 담장 안에 떠 있는 배처럼 놓여 있는 단층의 하얀 건물. 우리 팀은 '여울책장'에 도착했다.

 바다 위를 유람하는 선상에 있는 듯한 기분을 주는 여울책장에 들어서니 북적이는 사람들과 뜨거운 열기에 지쳐 있던 나의 피로가 순식간에 날아갔다.

 바다를 면한 쪽을 전창으로 꾸며놓은 별관을 지나, 우리는 북카페로 구성된 작은 공간으로 이뤄진 본관에 자리를 잡았다. 오늘의 처음이자 마지막 탐방 장소인 이곳에서 우리는 앞선 두 곳의 탐방 실패와 앞으로의 활동에 대한 이야기를 나누고자 했다.

 사각의 창과 방안을 연상하게 하는 개별 공간은 꼭 어느 글 작가의 서재에 들어온 것처럼 평온함을 천천히 스며들게 했다. 우린 각자가 고른 다과 앞에서 아무 말 없이 서로의 시간을 보냈다. 어느 순간부터 우리 셋은 이렇게 말없이 한 테이블에 앉아 있어도 어색하거나 불편하지 않은 사이가 되었다. 무언가를 함께 보고 나누고, 서로의 다름을 인정하며 앞으로 나아가는 것에 대해 잠시 생각했다. 우리는 어느새 서로의 곁에서 영혼의 한 조각씩 상대의 옷깃에 붙여 놓은 것이 아닐까. 내 앞에 마주 앉은 대표 '화' 언니와 팀장 '려'의 모습을 몰래 훔치듯 카메라에 담아 넣는다. 그리고 조용히 여울책장을 둘러본다.

본관 중앙홀의 한 벽을 사람의 눈높이와 같은 레벨로 세워 둔 책장의 목록을 천천히 살핀다.

'이곳은 누구에게나 열린 공간이구나.'

도서 목록들을 보며, 이 공간은 남녀노소를 가리지 않고 환영하는 장소임을 깨닫는다. 부모와 손을 잡고 온 아이가 책장 의자에 앉아 종알종알 책을 읽는다거나, 같이 온 연인들이 창가에 앉아 서로의 이야기를 읽어나가거나, 친구나 지인이 함께 오더라도 지금의 우리 팀처럼 무언가를 나눌 수 있는 공간. 여울책장의 모든 곳에서 느껴지는 배려를 보니, 이곳을 꾸미고 지켜가는 사장님의 미소가 들리는 듯했다.

'누구나 언제든지 환영해요. 편히 쉬다 가세요.'

카페 '해빙모먼트'

가진 모든 것에 감사함을.

 9차 탐방을 마치고 주차된 차로 돌아가는 길. 나는 그 길 위에 멈추어 섰다. 고개를 내려 두 발에 바라보았다. 하얀 샌들 속 여름내 볕에 그을린 발가락을 꼼지락거려 본다. 다시 천천히 고개를 들어 흰여울문화마을의 외곽을 두르고 있는 해변 산책로 위로 시선을 던졌다. 조막만 한 집들이 끝이 없는 것처럼 이어 붙어있고, 곳곳에 앙증맞은 그림들과 오브제들이 오래된 길 위에 재미를 더 하고 있었다. 바다의 짠내가 시원한 공기에 묻어났다. 한층 누그러진 태양의 열기가 오후 4시의 공기를 상쾌하게 만들었다. 아무도 없는 길 위에 서서 나는 던져두었던 시선을 거두어 들였다. 그리고 아무도 듣지 못할 목소리로 유일하게 들을 수 있는 나에게 전했다.

"걷기 좋은 날씨다."

"이제야 가을이네."

그리고 다시 걸었다. 불과 몇십 분 전, 팀원들과 함께 사진을 찍고, 이야기를 나누며 걸었던 길을 혼자 걸었다. 함께 길을 걷는 이의 호흡과 리듬이 아닌 오롯이 나에게 집중한 호흡과 리듬으로. 그리곤 내 시선이 가는 곳마다 카메라의 프레임을 다시 맞추었다.

해변을 잇는 길을 걸으며, 호기심에 이끌린 고양이처럼 골목골목을 누볐다. 그러다 다리에서 느껴지는 통증에 끝없이 뻗어 나가던 호기심이 멈춰졌다. 핸드폰을 들여다보니 시간이 벌써 2시간이나 지나 있었다.

다음 일정을 위해 이동하기 전, 나에게도 휴식이 필요했기에 주차장에서 가장 가까운 커피숍을 찾아 문을 열었다.

공간에 발을 내딛자, 나는 낮과 밤 사이, 그 짧은 찰나의 아름다움을 눈에 담을 수 있었다. 순간의 아름다움을 만난 나는 그 순간을 담아낸 이 공간을 인지했다.

그렇게 집으로 돌아가는 길에 뜻하지 않게 카페 'HAVING MOMENT'를 만났다.

...

건물의 외장을 버린 회색의 콘크리트 벽에 검은색 철제 프레임으로 자신의 이름을 알리고 있는 'HAVING MOMENT'.

문을 열고 들어선 순간, 카페의 내부의 창으로 비친 전경을 보고 나는 그대로 멈춰 섰다. 창 속에서는 영도의 바다 위로 낮의 밝음이 가고 밤의 어둠이 오고 있는 중이었다. 가만히 그 순간을 눈에 담으며 생각했다.

'낮의 색은 너무나도 환한 붉음일까?'

태양이 가고 남은 낮의 꼬리는 붉게 변하며 밤의 시작인 파랑과 만나 보랏빛 하늘을 만들어 냈다. 보랏빛은 바다를 넘어 아직 붉은 기운이 남겨진 하늘의 끝까지 뿌려져 갔다. 다리에서 느껴진 피곤함을 잊고, 주문을 해야 한다는 생각조차 못 한 채 핸드폰의 카메라를 들어 낮과 밤 사이의 순간을 담아 내었다.

...

바다. 노을, 영도, 커피 그리고 내가 있는 시간.

결혼과 함께 반려자를 따라 부산에 정착한 지 16년이 지났다. 결혼과 동시에 우리에게 찾아온 소중한 아이들과 남편과의 결혼생활은 나에게 가족이라는 세계의 단위가 내 삶의 우선순위가 되게 했다. 한없이 뻗어져 나갈 것만 같았던 나의 세계는 불혹의 나이를 넘어 돌아보니 고여 있는 물과 같이 안정된 삶에 머물러 있었다. 외로움이 찾아왔다. 아니, 이미 나를 가득 채우고 있던 외로움을 알아채 버렸다. 급격히 깨달아버린 외로움에 괴로워하며 방황했다. 16년이란 시간 동안 나의 우선순위였던 가족도, 안식을 제공했던 집도, 그 어느 것도 나를 채워주지 못했다. 아이들은 자라며 자신들의 세계를 만들어갔고, 한없이 뻗어 나갔다. 반려자 역시 자신의 삶에 확실한 뿌리를 내리며 나아가고 있었다. 나는 뿌리를 내리지도, 자라지도 못하는 '이방인'이었다. 썩어 들어가는 나를 이끌고 혼자 여행을 떠났다. 그리고 그 길 위에서 혼자 웃고 울며, 또 먹고 마시며 내가 원하는 시간을 가지자, 내 안에서 애타게 나를 부르고 있는 나를 발견했다. 그리고 그날부터 나는 내 안에서 흘러나오는 많은 이야기를 듣게 되었다. 어떤 것을 아름다워하는지, 어떤 공간을 선호하는지, 꿈이 뭐였는지, 오지 않은 미래는 어떤 모습이길 바라는지. 수많은 이야기가 내 안에서 쉴 새 없이 떠들어 대었다.

  나는 이 이야기들을 빠짐없이 들음으로써 나를 괴롭게 했던 외로움이라는 감정에 더는 괴로워하지 않게 되었다.

...

창밖으로 바라본 영도 바다 위의 아름다운 노을은 내가 여행길에서 들은 수많은 나의 이야기들을 떠오르게 하였다.

'Living at the moment'.

'해빙'이란 책을 읽고 '이 순간을 사는 것'이라는 슬로건으로 '더 해빙'의 이야기를 시작했다는 카페 사장님의 글이 기억에 남는다.

과거의 지나간 모든 순간이 모여 만든 지금의 순간을, 또 앞으로 올 순간들이 만들어 낼 미래를 생각해 본다.

비를 맞고 있지 않아도, 비를 눈으로 보고 있지 않아도 하늘에서 비가 내리는 것이 느껴졌다.

다섯 번째 이야기

네 번째 탐방, 그러나 마지막 이야기

봉래동 물양장 거리.

"나, 4차 탐방 이야기를 마지막에 쓰고 싶어."

불안에 휘몰아치는 마음, 그로 인한 어지러운 생각들이 산처럼 쌓여가다 겨우 입으로 흘러나왔다.

...

7차 탐방을 마치고, 카카오톡으로 동아리 활동의 결과물에 대해 이야기를 나누던 중 탐방 팀장이자 이번 에세이의 주된 편집자가 될 '려'에게 오랫동안 생각하고 고민했던 부분을 건넸다. 4차 탐방은 마지막에 쓰고 싶다는 것.

"왜요? 기본정보는 보고서에 다 적어 올렸는데, 어느 부분에서 막히는 거예요?"

'당황. 아니면 화가 난 목소리일까?' 전화기 건너로 들리는 '려'의 목소리에 나는 한 번 더 나의 불안과 마주했다. 나는 변명 하듯 4차 탐방에 대해 가지고 있던 생각들을 내려놓기 시작했다.

4차 탐방의 대상은 봉래동 물양장 인근의 봉래나루로에 위치한 블루포트2021, 모모스커피 그리고 무명일기였다.

올해 5월부터 시작한 동아리 활동 기간 동안 나는 아홉 번의 공식 탐방 외에도 숨겨진 이야기를 찾기 위해 찾아 들어갔었다.

그러는 동안 영도는 삶의 일부분처럼 나의 어딘가에 자리 잡았다. 영도가 가지는 특유의 공기, 다양한 모습을 가진 바다, 그리고 그 안에서 피어 나가는 카페라는 공간들의 이야기들은 자연스레 나의 세계가 된 것이었다.

혼자만의 사색의 시간 혹은 지인과의 데이트를 즐기면서 탐방했던 장소나 따로 눈여겨보았던 장소를 찾아다녔다. 그 세계 속에 나는 흠뻑 빠져들었다. 나의 모든 감각을 열어 오롯이 그 세계가 가진 공간의 이야기를 찾으려고 노력했다. 애를 썼다. 이 모든 것은 생애 처음 써보는 에세이의 첫 한 줄을 적기 위한 내가 찾은 유일한 방법이었다. 삶에 대한 강한 의지들. 틀에 벗어난 세계. 멈춤과 사색의 공간. 그리고 포옹과 순간에 대한 감사의 이야기들까지. 나는 영도라는 공간에 만난 다양한 것들을 내 눈에 담으려 노력하였다. 그렇게 담아낸 것들이 내 마음을 돌아 나의 이야기로, 그리고 언젠가는 누군가에게 읽혀 그들의 이야기가 되길 바랐기에. 모든 순간과 장소에서 나는 내 이야기를 만들었고 적어 내렸다. 그리고 그 행위는 나에게 고난이었다. 모든 것이 고민의 순간이었고, 고민은 나의 한계를 인식시켜 나를 좌절로 이끌었다.

멈춰 고여있기만 했던 나의 세계들이 고민을 거듭할수록 길을 만들어갔다. 그리고 그 길은 글의 형태로 내리면서 더욱 또렷하게 내 안에서 존재감을 드러냈다.

…

"나에게 왜 에세이를 적으라고 한 거야?"

생각을 거듭하다 스스로 답을 찾지 못하고 돌파구를 찾듯이 일을 나에게 던져두었던 '려'에게 물었다.

"누나는 눈에 보이는 것을 눈에 보이는 대로 이해하는 사람이라서요"

"내가 지식이 없기 때문이라는 이야기야?"

못생긴 마음이 뾰족한 말로 나와버렸다.

"아니요. 그런 게 아니라 선입견이 없다는 거예요. 좀 풀어서 설명하자면요, 만약에 내가 낡은 카페에 들어갔다고 하면 '이 카페는 왜 낡았을까?'라고 인과관계부터 생각해요. 그럼 '오랫동안 리모델링을 안해서?', '장사가 안되서?', '주인이 게을러서? 방치해서?' 등등 꼬리를 물고 그 원인을 이해하려고 계속 파고들어요. 그런데 누나는 '이 카페는 낡은 분위기를 가지고 있구나, 그 낡은 분위기 속에서 내가 느끼는 감정이 좋은가? 나쁜가?'로 먼저 생각을 하고 이야기해요. 이게 '화' 누나와 제가 가지지 못한 감성이고, 전 이런 것이 에세이에 딱 적합한 감성이라고 생각했기 때문에 누나가 할 수 있다고 생각했어요. 그래서 '화' 누나는 사물을 바라보는 정형화되지 않은 시각적 장점과 사고를 가장 잘 살릴 수 있는 포토북을, 저는 저의 인과를 논하는 능력을 펼칠 수 있는 보고서 부분을 담당한 것이에요."

"…"

"누나, 어렵게 생각하지 말고 누나가 느낀 대로 쓰는 게 맞는 거예요. 제가 바라는 것은 그것이에요. 분석하고 새로운 시각으로 바라보는 것은 나랑 '화' 누나의 역할이에요."

세 명의 각기 다른 세계를 가진 우리가 서로를 알게 되고, 팀을 꾸리고, 전시와 탐방 그리고 지원 사업에 참여하게 된, 모든 일련의 시간이 떠올랐다. 그 속에서 다름을 우리의 매력으로 인지했고, 부딪히고 깨지는 과정 속에서 서로의 모난 부분을 맞춰 나갔다. 그렇게 우린 서로가 가고자 하는 길에 아낌없는 격려와 응원을 보낼 수 있는 관계가 되었다. 이런 모든 과정이 쌓여 지금의 우리 '더:하다'가 있는 것이란 생각이 들었다. 믿음과 신뢰. 서로 깨닫지 못하는 순간에 우리 셋은 서로에게 따뜻하고 다정한 마음이 생겨버린 것이다.

"그럼 역시 4차 탐방은 가장 마지막에 쓰고 싶어. 탐방은 초반에 간 곳이지만 이곳의 이야기들은 가장 마지막에 가는 게 맞는 것 같아."

"누나가 어떤 생각을 더 하고 있는지 아직은 잘 모르겠지만, 누나가 원하는 대로 해요. 난 나중에 누나의 글에서 보면 이해할 수 있을 테니, 하고 싶은 대로 다 해봐요! 누나."

나에 대한 신뢰의 표시에 내 안에서부터 단단해진 확고한 목소리가 팀장에게로 전해진다.

"내가 느낀 대로 이곳을 말하자면 이건 가장 마지막에 들어가야 해."

대답 없이 미소 짓는 '려'는 그제야 만족한 듯 고개를 끄덕였다. 그 미소를 보며 난 글에 담고자 하는 마음을 되새김질했다.

'아마도 우리의 이야기일 테니까.'

'모모스 로스터리 & 커피 바'
커피로부터 시작되는 세상의 모든 이야기

"내가 며칠 전에 다른 지역에서 오신 선생님을 데리고 영도 모모스 커피에 갔는데 다들 좋아하더라. 그런데 모모스를 찾는 게 꽤 힘들었어."

중고등학교에서 진로 교육 강의를 하는 친구와 영도에서 브런치를 즐긴 후 집으로 돌아가는 길이었다.

"왜? 구석에 있었어?"

"아니, 길 바로 옆에 있었는데 그게 커피숍인지 몰랐어. 찾고 나서 얼마나 어이없었는지 몰라. 무려 두 번이나 그 앞을 지나면서도 몰랐다니까. 그리고 방금도 우리가 그 옆을 지나갔어. 커피숍 있는 거 봤어?"

"어?!"

친구의 물음에 나는 적지 않게 당황했다. 방금 지나친 곳에는 커다란 창고와 일방통행의 도로, 그리고 건너편에는 오래되거나 수리 중인 선박이 가득한 바다뿐이었기 때문이다. 커피숍이 있을 만한 건물과 장소가 아니었다. 분명 내가 보기엔 그랬다.

당황하는 나의 모습에 친구는 소리 내어 큰 웃음을 지었다. 그러면서 '자신이 헤맨 건 역시 당연한 것'이며, 누구나 쉽게는 찾지 못할 것이라 말했다. 그리고 다음에 함께 가자는 약속도 잊지 않았다.

...

5월의 목요일. 우리는 4차 탐방을 위해 영도 봉래동 물양장 인근 해변가를 걷고 있었다.

"다음에 갈 곳은 모모스예요."

카페 '모모스'. '려'의 말을 듣고 주변을 살피니, 그날 친구와 함께 지났던 길이었다. 마치 테이프를 감듯 친구와 했던 대화와 약속을 떠올리며, 천천히 주변을 살펴보았다.

어수선하게 늘어선 선박들과 기름내 나는 바다, 층고가 높은 단층의 창고 건물들이 도로를 사이에 두고 나란히 마주보고 있었다.

첫 번째로 탐방했던 '깡깡이예술마을'이 기억났다. 하지만 이곳은 첫 탐방 장소와는 얼핏 비슷해 보였지만 풍기는 분위기가 달랐다. 바다에서 기름과 철의 냄새가 똑같이 밀려 올라왔다. 그러나 내리비추는 따뜻한 햇살과 선박 수리 용품이나 쓰레기들이 길 위를 점령하고 있지 않고 깨끗하게 정돈된 도로가 어지럽게 정박한 선박들을 하나의 풍경으로 만들어 냈다.

"누나 어디 가세요? 여기가 모모스예요."

"어?"

'부산 영도구 봉래나루로 160의 모모스 커피'

해변 쪽으로 놓여 있는 길을 산책하는 마음으로 걷고 있다가 건너에 있는 '려'의 부름에 고개를 돌렸다. 미처 길을 건너지 못한 채로 그 자리에서 멍하니 '려'의 손끝이 향하는 곳을 바라보았다.

한 시야에 들어오지 못할 정도의 입면 길이를 가진, 주변에 다른 건물과 특별하게 다르지 않은 단층의 창고 건물이 있었다. 짙은 회색의 건물 외벽, 색다를 것 없는 하늘색 지붕, 거기에 사람을 위한 출입문이라고는 생각할 수 없는 크기의 입구까지. 외부에서 보이는 간판 하나도 없는 이 건물이 카페 '모모스'라고 불리는 곳이라 했다. 여전히 길을 건너지 못하고 고개를 돌려가며 주변의 건물과 이 건물의 차이점을 찾아보았다. 그리고 '두 번을 지나가고도 자신이 헤맨 건 역시 당연한 것'이라는 친구의 말을 떠올렸다.

'여기는 영도의 바다를 보는 곳이 아니라 모모스의 프로세스를 구경하는 곳이구나.'

거대한 창고. 그 속에는 영화에서나 나올 듯한 LAB실이 있었다.

...

모모스의 입구에서 전체를 바라보았을 때, 크게 세 구간으로 공간이 구획되어 있었다. 왼쪽 구간은 생두를 보관하고 로스팅roasting을 하는 구간, 특이한 것은 로스팅 실에 원두의 이동이 상단의 파이프를 이용해서 이동하는 것처럼 보였다. 중간 구간은 앞쪽에서 커피 바와 음료를 즐길 수 있는 서비스 공간이 있고, 뒤쪽에는 로스팅된 원두의 불량을 핸드픽hand pick 하는 공간이 있었으며, 오른쪽 구간은 테이스팅tasting을 하는 공간과 사무동이 있었다.

목요일 오후, 점심이 조금 지난 시간인데도 불구하고 모모스의 내부에는 우리가 앉을 빈자리는 없었다.

'이곳은 카페일까?'

'모모스는 대체 무엇을 팔고 싶은 걸까?'

모모스에 발을 내딛고, 몸이 들어선 순간부터 낯선 것에 대한 질문이 끊임없이 우르르 쏟아져 내리기 시작했다. 나와 똑같이 어수선한 분위기의 모모스를 바라보다 주변에 익숙한 사람들이 없다는 것을 깨달았다. 서둘러 팀원들을 찾았다. 번잡한 사람들 사이에서 쉽게 그들이 찾아졌다.

'이미 나의 이야기 속 인물들이라 그런 것일까?'

내가 헤매는 동안 그들은 어느새 자리를 잡고 주변을 관찰하고 있었다. 내가 곁에 없는 줄도 모른 체 말이다. 나도 간신히 자리를 잡고 주변을 다시 한번 둘러보았다.

"여긴 그냥 실험실이네. 장사를 하는 공간이 아니잖아."

불만에 뾰족하게 나오는 말은 아니었다. 여기의 모든 것이 친절과는 거리가 있었다. 적어도 커피 한 잔을 마시면서 휴식을 원하는 나에게 모모스는 그러했다.

커피 바에 준비되어 있는 다양한 원두의 소개 글과 여기저기 커피를 핸드 드립하고 있는 바리스타들의 모습을 보며,

이곳이 왜 커피 마니아들의 성지라 불리는지 단번에 이해할 수 있었다. 커피를 내리고 있는 저들의 몸짓 하나하나에 전문가의 면모가 보이는 건 나만의 착각은 아닌 듯했다.

자리에 앉아 나의 호흡을 가다듬고, 다시 주변을 천천히 살핀다. 아주 천천히. 당황한 마음에 미지근한 아메리카노를 주문하지 못해 뜨거운 아메리카노가 식기를 기다리는 나처럼, 외관에서부터 느꼈던 당혹감을 지워버리고 모모스를 바라본다. 관찰한다. 들여다본다. 극적 반전을 노리는 추리소설처럼 외관에서 절대 알 수 없는 내부는 자신의 정체성을 확고히, 단호하게 보여주었다. 나는 이곳이 왜 힙함과 핫함을 동시에 가지는, 지금 영도, 아니 부산 전체의 커피산업을 이끄는 대표 브랜드가 되었는지 공간을 살펴보는 것만으로도 단번에 이해할 수밖에 없었다. 아니, 이해를 당해 버렸다.

"모모스에 와보니 어때?"

맞은편에 앉아 바다를 등지고 모모스의 전경을 바라보던 나에게 '화' 언니가 마시던 커피를 내려놓으며 말을 건넸다.

"음…, 전 여기에 불청객이 된 것 같아요."

불청객. 그랬다. 나는 이곳에 방문하지 말아야 할 불청객

같은 느낌이 들었다. 이곳은 커피를 위한, 커피를 위해 만들어진 공간이지 여유나 휴식을 즐기기 위해 방문하는 사람들을 위한 것이 아니었기에 나는 그렇게 대답할 수밖에 없었다. 이방인으로서 처음 부산에 방문했던 기억이 떠올랐다. 만나는, 마주하게 된 모든 길이 불안으로 다가왔던 그때. 하지만 지금은 그렇지 않다. 내비가 없어도, 어두운 밤이라도 다른 세계로 통할 듯한 그 길이 나를 집으로 돌아가게 하는 길임을 이제 나는 알고 있다.

...

모모스를 방문하고 한참 후에 영도에 있는 그곳의 정식 명칭이 **카페 '모모스' 영도점**이 아니라 **'모모스 로스터리 & 커피 바'**라는 사실을 알게 되었다. 즉, 음료인 커피를 판매하는 카페로서의 공간뿐만 아니라 로스팅한 원두를 파는 로스터리^{roastery}인 것이다.

우연히 찾은 어떤 이의 블로그에도 원래 이곳의 첫 사업계획은 고객을 받는 커피숍이 아니었다고 하니, 내가 느낀 '불청객'이라는 느낌은 이곳을 정확하게 들여다본 것이 아니었을까라는 생각과 정말 저들은 나를 혹은 이곳을 방문하는 모든 이들을 '불청객'으로 여길지도 모르겠다는 생각을 했다.

momos coffee

카페 '무명일기'

영도로부터 시작되는 커피의 모든 이야기

만약에,

"동아리 활동 중 가장 추천하지 않는 곳이 어디입니까?" 라는 질문을 받는다면, 망설이지 않고 '**모모스 로스터리 & 커피 바**'를,

"동아리 활동 중 가장 많이 방문한 장소가 어디입니까?" 라는 질문을 받는다면, 나는 단연코 봉래동 물양장 거리에 있는 '**무명일기**'를 지목할 거다.

"가장 좋았던 곳이 무명일기인가요?"

라는 질문에는 "아니요"다. 가장 좋았던 곳은 '**리케이온**'이었다. '가장 좋은 것도 아니면서 나는 왜 이곳을 여러 차례나 방문했던 걸까?'

...

처음에는 탁 트인 높은 층고에, 음악과 손님들의 말소리가

울리지 않는 공간이 주는 느낌이 좋았다. 2층 구석에 앉아 조용히 글을 적고 있으면, 나만의 작업실에 앉아 있는 듯한 안락한 느낌도 받았다. 그래서 이곳에서 완성된 글들이 많다.

다른 이유는 처음과 상반된 것으로 카페 지붕 위로 쏟아져 내리던 비의 울림 때문이다.

비가 끊임없이 내렸던 7월. 내가 다시 한번 무명일기에 빠져들었던 날은 부산 일대에 호우주의보가 내린 날이었다. 며칠 동안 이어진 비로 인해 집안에서의 생활만 이어져, 날이 갈수록 몸으로 느끼는 갑갑함과 두통이 참을 수 없는 한계에 이르기 시작한 날이기도 했다. 집에서만 지낸 지 일주일 쯤 되니, 약으로도 두통은 제어되지 않았다.

아침부터 호우로 인한 재난문자가 부산 사람들에게 마치 폭력을 휘두르는 듯이 쉬지 않고 울리고 있었다. 그러나 거실의 창으로 내려다본 부산의 일상과 바다에는 폭우라고 불릴 만큼의 비는 전혀 내리지 않고 있었다. 그저 가는 부슬비 정도나 내리는 흐린 날일 뿐이었다.

나는 더 이상 고민하지 않고, 노트북과 차 키 그리고 읽을거리를 간단히 챙겨 서둘러 집 밖으로 나왔다. 꼭 감옥에서 탈출하듯이. '오늘 난, 영도에 커피를 마시러 간다.' '이 집에서 탈출해 커피 향기가 가득한 공간으로 가고야 만다.' 나는 이렇게 다짐하며 차를 움직였다. 무명일기를 향해.

며칠 동안 부산 앞바다에서 진득하게 자리 잡고 있던 해무를 영도도 역시 뱃속 가득 집어넣고 있었다. 무명일기 앞에 주차했을 때 앞바다는 이미 해무에게 먹혀버리고 난 후였다. 나는 입을 벌려 해무를 한입 베어 물었다. 일종의 복수였을까. 폐 속 깊이 숨을 밀어 넣고 승자가 된 기분으로 무명일기로 들어섰다.

안으로 들어서니 여름이 내뿜는 열에 의해 올라간 기온과 멈추지 않고 내린 7월의 비가 만들어 낸 습기로 인해 오래된 창고 건물에 자리 잡은 무명일기는 기묘한 냄새들을 만들어 냈다. 그 냄새들은 마치 지금 사라진, 내 기억 속에만 남아 있는 외할머니 댁의 창고 냄새를 떠올리게 했다. 녹슨 농기구 냄새, 흙과 짚이 서로 엉켜 올라오는 그런 냄새 말이다. 나는 외할머니 댁을 추억하며 언제나 앉던 2층의 제일 구석자리로 이동했다. 그곳은 내가 외할머니를 그리워하듯 나를 그리워하고 있는 듯했다. 자리에 앉은 나는 1층에 있는 방문객들의 모습을 바라보았다. 가족과 연인들 그리고 친구들. 다양한 관계로 묶인 사람들이 매장 중앙을 가로지르는 거대한 테이블에 모여 앉아 서로의 이야기를 하고 있었다. 무슨 이야기를 하고 있기에 저들의 표정이 저리도 행복해 보이는 것일까? 들리지 않을 거란 것을 알고 있으면서도 나는 그들의 소리에 귀를 기울여 보았다. 그러나 내 귀에 그들의 소리가 아닌 빗소리가 들려왔다. 한번 귀로 들어온 빗소리는 시간이 지나면서 더욱 거세게 들려왔다.

'폭우가 쏟아지고 있는 거다.'

비는 무명일기의 지붕을 무섭게 두드리기 시작했다. 비를 맞고 있지 않아도, 비를 눈으로 보고 있지 않아도 하늘에서 비가 내리는 것이 느껴졌다. 비가 내 머리 바로 위의 지붕을 두드리는 소리와 그로부터 태어난 무명일기 내부를 울리는 진동은 나에게 스스로의 존재감을 드러내고 있었다. 머리를 두드리는 것 같은 소리와 진동은 평소와는 다른 감각을 인지케 했다. 그 특별한 감각들은 가슴을 누르던 갑갑함과 찌르는 듯한 두통을 점차 사라지게 해주었다. 무명일기가 내게 준 회복의 순간이었다. 내가 말한 '카페는 휴식의 공간'이어야 한다는 것에 가장 맞는 순간이 아니었을까.

내게 이곳을 방문한 또 다른 이유는 '**나도, 아니 우리 팀도 몇 년 후에 이곳처럼.**'이라는 실마리를 잡고부터였다.

첫 방문을 했을 때 느꼈던 이 생각은 특별한 경험을 제공한 다른 두 이유와 달리 이곳을 꾸준히 찾게 만든 가장 큰 이유가 되었다.

로컬^{local}성. 다른 말로 로컬리티^{locality}라 말하는 이 개념을 도입해 자신의 뿌리를 정확히하고 발전해 나가는 브랜드를 만들고 싶다는 생각. 우리 팀 '더:하다'는 부산이라는 지역성을 갖고 '삶에 문화를 더하는' 슬로건을 지닌 브랜드로 성장하고 싶었기에 이곳 무명일기는 우리가 가고자 하는, 또 가야 하는 방향에 있어 멘토와 같은 모습으로 다가왔다.

...

모모스와 무명일기. 두 장소 모두 '영도구 봉래나루로'에 위치해져 있는 곳이다. 모모스와 무명일기 사이의 거리는 고작 100m 내외. 걸어서 1분이면 충분히 도착하는 거리에 나란히 위치해져 있다. 이 거리 안에 블루포트2021, 모모스, 무명일기, 원지가 모두 자리하고 있다. 두 곳 모두 물양장에 있는 오래된 창고를 개조하여 만든 곳이라는 동일한 환경 조건을 갖고 있음에도 불구하고 내리고 있는 뿌리와 나아가고자 하는 방향이 서로 분명하게 달라 보였다.

"영도가 바뀌어서 많은 사람이 모였으면 좋겠어요."

"비어가는 집들을 보면 마음이 아프죠. 이야기가 많은 곳인데 말이죠. 개발로 인해 그 이야기들이 사라져가는 것이 아쉬워요"

"무명일기와 모모스는 달라요."

"무명일기가 영도의 커피 붐을 일으켰죠. 영도의 색채를 갖고 복합문화를 지향하는 센터를 만들고 있다는 부분에서 본다면 실질적으로 무명일기가 지역에 대한 영향력이 있고, 모모스는 부산의 거대한 커피산업에 대한 영향력이 있죠."

4차 탐방을 본격적으로 시작하기 전, 우리는 복합문화공간 블루포트 2021에 방문했었다. 그곳에서 상주하고 있는 담당자의 배려로 30분 정도 인터뷰할 수 있는 시간을 가졌었다. 영도에서 오랫동안 거주하고 있고, 지역 내 많은 주민 프로그램을 진행했던 그녀에게서 영도주민의 입장과 시선으로 영도의 소멸과 재생에 대한, 또 개발이라는 이름 아래에 사라져 가고 다시 만들어지는 많은 이야기를 들을 수 있었다.

'모모스와 무명일기는 다르다.'

'그럼 이 두 브랜드는 무엇이 다른가?'

'개발은 과연 필요한 것인가?'

'오래된 것들은 사라져야 하는 것이 당연한 것인가?'

이 주제가 4차 탐방의 이야기를 이 글의 제일 마지막에 오게 만든 이유기도 하다.

탐방을 진행하며 영도의 다양한 곳을 방문했다. 영도에서 자란 '려'와 부산에서 자란 '화' 언니가 영도를 바라보는 다양한 시각에서 나온 주제들로 우리는 끊임없이 서로에게 질문을 던지며 이야기를 이어갔다.

부산의 옛 모습을 알고 있지 못하는 이방인(이주민)으로서의 나는 그들이 옛이야기를 할 때면 즐겁게 들었고, 잘 모르는 경제, 사회에 대한 이야기를 할 때면 질문을 하며 알아갔다. 이런 대화가 오가는 모든 시간이 정말로 즐거웠다.

하지만 탐방과 토론의 끝에는 언제나 하나의 질문이 내 안에 답을 잃어버린 채 남겨졌다.

'개발은 꼭 필요한 것인가?'

'지금껏 우리가 탐방해온 것은 모두 개발의 결과물인가?'

9차의 탐방을 끝내고, '해빙모먼트'에서 보이는 노을을 바라보며, 우리 팀의 지식인 탐방 팀장 '려'에게 카톡을 보냈다.

> 려야, 개발이 뭘까?
> 왜 해야 하는걸까?
> 오래된 것은 다 개발을 해야 하는 것일까?

정려

기능이 환경에 의해서 그 역할이 상실될 때, 기능의 유지나 개선, 회복을 위해서 하는 것이 개발이죠.
그러니까 개발이 필요한 이유는 그 공간이 주거 기능과 상업 기능 등 공간이 가져야 할 본연의 기능을 상실했기 때문이에요.
오래된 공간 중에서도 개발이 필요한 경우는 여러 이유로 상실된 기능을 살릴 필요가 있을 경우겠죠.

> 재활용인건가? 공간의

정려

재발견, 재활용, 재탄생이 각각의 뉘앙스는 조금씩 다르겠지만 모두 공간을 다시 사람이 머물 수 있는 곳으로 바꾼다는 것이므로 결과적으로는 같은 방향으로 가는 것이라 생각해요.

'기능의 상실', '공간이 이어나갈 이야기의 부재가 개발의 필요'라고 말하는 나는 톡으로 한 대화들을 이렇게 이해했다. T적 설명에 대한 F적 해석으로…. 팀장의 말에 아홉 번의 탐방 동안 방문했던 장소들을 떠올렸다.

Trésor와 양다방이 있는 깡깡이예술마을은 선박조선업과 수리조선업이란 하나의 거대한 이야기가 끝나고 쇠락이라는 상실이 진행 중인, 그리고 완전한 변화보다는 찬란했던 옛 기억을 이어가고자 하는 사람들이 남아있는 공간이었다. 그래서 그곳에 설치된 예술품들은 남아있는 자들의 소망을 이어가고 있는 사람들과는 같은 결을 가졌다고 생각할 수 없는, 어딘가 방향이 어긋난 융화되지 않는 개발이 있는 곳이었다.

카페 385, P.ARK, 라운지B가 있는, 또 글로벌 영도커피페스티벌이 열린 동삼혁신지구는 과거의 이야기를 이어갈 수 없는, 다시 말해 과거가 없어 현재의 이야기로만 가득 채운, 과거와는 완전히 단절된 개발이 있는 곳이었다.

청학동 산복도로에 있던 선생 조고메(조내기고구마역사기념관), 신기산업, 신기숲, 아트샌트, 그리고 중리해변의 해녀문화박물관 등은 사라져가는 기억을 붙잡고 그것을 다시 그들만의 색으로 덧씌워 새로움으로 재해석된 기억을 통해 옛 기억을 연속하고자 하는 개발이 있는 곳이었다.

중리에 있는 리케이온, 하리에 있는 하리컨테이너 그리고 흰여울문화마을에서 만난 수많은 카페들은 새로움을 내세웠지만 공간이 지닌 이야기를 마치 보물을 발견하듯 찾아내, 시간의 흐름이 공간 속 이들과 어울리며 녹아든 개발이었다.

그럼 '모모스'와 '무명일기'는 어떤 개발의 모습일까?

앞선 탐방에서 보아왔던 여러 모습의 개발들이 각자 추구하는 것에 대해 관찰하고 생각을 하다 보니, '개발'이라는 단어가 이 모든 것들을 정의하고 설명하기에는 너무 포괄적이라는 생각이 들었다. 개발이라는 개념에도 세분화가 필요했다.

그러면 나는 영도에서 보았던 다양한 모습의 개발들을 어떻게 나눌 수 있을까? 모모스와 무명일기에서 느꼈던 서로 다른 방향성을 어떻게 정의할 수 있을까?

'변화를 바라보는 태도' / '변화가 시작된 출발점'

계발(啓發) : 재능이나 정신 따위를 깨우쳐 열어줌

개발(開發) : 자연이나 인공적으로 무엇을 더 나아지도록 만듦 계발은 내재하고 있는 요소를 일깨워 주는 것이다. 계발의 계啓는 문을 열어 누군가를 깨운다는 의미이다. 그래서 '열다', '일깨워 주다'라는 뜻을 갖는다. 그러므로 계발은 본래 갖고 있지만 갖고 있음을 알지 못하고 있는 것들을 발견하고, 발굴해 내 변화하는 것으로 설명할 수 있다. 이것을 공간에 대입해보면 계발의 주체에 쌓여있는 이야기들이 계발의 기본 바탕이 된다.

이에 반해 개발은 발달과 발전을 전제로 변화를 강제한다. 능력의 개발, 자원의 개발, 산업의 개발 등등 모두 본래 가지고 있는 것을 변화하게 한다. 여기에 개발 주체에 쌓여있는 이야기는 크게 중요하지 않다. 개발이 가지고 올 변화에 초점이 맞추어져 있다.

이런 관점에서 볼 때 카페를 의인화한다면 무명일기는 계발자, 모모스는 개발자이다.

커피산업을 선도하는 기업이 되어 영도의, 부산의, 나아가 우리나라의 커피문화를 개발하고자 하는 모모스에게 있어 영도의 카페는 연구시설과 생산시설을 모두 갖춘 전초기지 같다. 그들에게는 그들이 올라서 있는 공간과 대지가 품은 옛이야기보다는, 앞으로 그들이 그곳에서 새로 만들어 갈 이야기가 더 가치 있어 보인다. 그러므로 모모스 커피 로스터리 & 커피 바는 커피 보물섬 영도, 커피도시 부산을 완성해 줄 용맹한 선봉대 역할을 하는 개발자인 거다.

그에 비해 무명일기는 그들이 올라서 있는 공간과 대지인 영도에 뿌리를 두고, 그곳에 잠들어 있는 여러 이야기를 발견하고 발굴하여 커피와 카페라는 공간에 접목하고자 하는 계발자이다. 그들은 잊히거나 감춰진 영도의 문화적인 요소와 가치를 찾아내는 노력을 게을리하지 않는다. 또 영도와 융화되어 나아가는 다른 계발자의 협업을 통해 미처 찾아내지 못한 옛이야기들을 발굴하고, 그것에 협업한 다른 계발자들의 색을 입혀 세상에 내놓는, 어쩌면 고고학자에 가까운 계발자들인 거다.

계발과 개발.

변화에 대해 서로 다른 태도와 출발점을 가진 그들이 적어 나갈 영도의 이야기, 나아가 부산의 이야기가 어떻게, 또 어디까지 뻗어 나갈지 궁금해진다.

아니, 기대된다.

그리고 나에게도 내가 적어 내려갈 이야기를 기대해본다.

나의 이야기도 분명 밝게 빛날 테니까.

無名日記

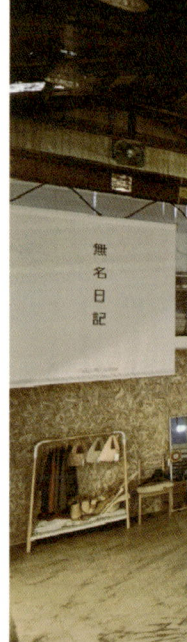

Epilogue.
영도의 이야기를 닫으며.

 동아리 활동을 통해 다양한 지역을 탐방했고, 많은 사람들을 만났다. 그들 중에는 계발자의 모습을 한 이도, 개발자의 모습을 한 이도 있었으며, 옛이야기를 간직하며 계발과 개발 사이에서 아쉬움과 안타까움을 전하는 이들도 있었다. 그리고 완결을 내지 못하고 중도에 끝내버린 몇몇 이야기들도 있었다.

나는 이들의 이야기가 어떤 마음에서 출발을 했을지, 어떤 시간을 보냈고, 어떤 변화를 앞으로 해 갈지는 모른다. 모든 것을 알지는 못한다. 그저 이 이야기를 접한 독자인 나는 나의 상상으로 빈 페이지를 채워갈 수밖에 없다. 그것이 내가 만들어 간, 만들어 갈 이야기다.

...

나는 이번 탐방 중 무명일기를 가장 많이 방문하면서, '우리 팀도 몇 년 후에는 이곳처럼'이라고 생각했다. 장소에서 이야기를 끄집어내어 지금이란 시간과 엮고, 사람들을 만나고 그들을 연결하여 끝나지 않는 이야기를 만드는 곳.

나는 무명일기가 내가 만들어 내고 싶어 하는 세계이자 나의 이야기임을 깨달았다. 나는 과거의 이야기가 사라지는 것에 대해 안타까워하는, 끝나지 않는 이야기를 엮어 가고 싶어 하는 계발자였던 것이다.

'앞으로 이 동아리는 어떤 동아리일 것 같나요?"
'누군가에서 응원을 전할 수 있는 그런 공간을 운영하는 동아리요.'

내 이야기가 만들어 낼 공간이 언젠가 만날 누군가에게는 따뜻한 곳이 되길 바라면서, 삶에 문화를 더하는 '더:하다'의 다음 이야기들을 기대해본다.

QR코드를 스캔하면
낭독본을 들을 수 있습니다.

오늘 난, 커피를 마시러 간다

초판 1쇄 발행	2025년 07월 25일		
글/사진	박민예	낭독	정하람
펴낸이	정윤미	펴낸곳	문화출판 더하다
책임편집	이강민	교정교열	이강민
표지 디자인	더:하다 / Vintage64	본문 디자인	더:하다 / Vintage64
출판등록	2024년 6월 27일, 제327-2024-000006호		
주소	(48814) 부산광역시 동구 초량로25번길 6, 101호		
문의	010-6627-3572		
전자우편	thehada24@naver.com		
ISBN	979-11-988982-6-5		

이 책은 2024 영도문화도시 시민동아리 지원사업을 바탕으로 제작되었습니다.
이 책의 저작권은 문화출판 더하다에 있습니다.
이 책 내용의 일부 또는 전부를 재사용하려면 반드시 문화출판 더하다의 동의를 얻어야 합니다.